Saggi Universale Economica Feltrinelli

PAOLO CREPET

Le dimensioni del vuoto

I giovani e il suicidio

Feltrinelli

Prima edizione in "Saggi" maggio 1993
Prima edizione ampliata nell'"Universale Economica" marzo 2000
Seconda edizione nell'"Universale Economica" – SAGGI maggio 2001

ISBN 88-07-81586-9

Prefazione

La pubblicazione de *Le dimensioni del vuoto* in edizione economica ha per me il sapore contraddittorio di una soddisfazione confuso a un'amarezza.

Da un lato, sono orgoglioso che un saggio su un argomento così difficile come il suicidio giovanile riscuota ancora oggi, a distanza di sette anni dalla sua prima pubblicazione, interesse da parte dei lettori. Ciò rappresenta esattamente lo scopo che allora mi ero prefissato, ossia uscire dal dibattito asfittico tra esperti e operatori del settore, affermare che la condotta suicidaria non è e non può essere interpretata come una specifica forma di patologia psichica ma come il sintomo più tragico che questa società si ostina a rimuovere dalla propria coscienza: le diverse forme del disagio e dell'inquietudine giovanile, ovvero la condizione esistenziale di un'intera generazione. Per lungo tempo tanti fra gli operatori nel campo della salute mentale assieme a buona parte dell'opinione pubblica (supportata purtroppo da televisioni e giornali) hanno voluto interpretare molti dei segnali di crescita di nostri ragazzi come categorie specifiche di sofferenza psichica, offrendo per queste speciali classificazioni terapie e luoghi di cura programmati alla bisogna. Così è accaduto per la droga, per la bulimia e per l'anoressia, per le condotte autolesive, per le nuove forme di violenza giovanile. Il risultato è zero, nulla è cambiato: ogni anno si affacciano nuovi segnali d'inquietudine, si continuano a costruire reti di servizi dei quali s'ignora l'efficacia, si offre lavoro a operatori che non sanno come e per quanto tempo devono intervenire. La cronaca segnala storie che la gente non vuol capire, storie descritte per soddisfare l'esigenza di cittadini trasformati in guardoni dei dolori altrui. Poi si volta pagina, fino alla prossima disgrazia, fino a un altro funerale. Le cifre rimangono impietose davanti ai nostri occhi, non possono essere omesse: negli ultimi vent'anni la crescita dei suicidi tra i ragazzi italiani ha sfiorato il 100%, il numero dei reati commessi da minori negli ultimi quindici anni è cresciuto del 150%. C'è qualcuno che si preoccupa di tale cataclisma sociale?

Questo libro è stato scritto in un momento in cui di disagio giovanile non si poteva quasi parlare e di suicidio ancor meno. Eppure allora come oggi le condotte autolesive rappresentano la seconda causa di morte dei giovani, precedute solo dagli incidenti stradali e alla pari con le morti per overdose di eroina.

Con questo saggio ho cercato di offrire un piccolo contributo all'interpretazione dei nostri sensi di colpa, perché insegnanti, genitori, operatori sociali non possano dire di non sapere.

Da un altro punto di vista, però, questa edizione rappresenta, paradossalmente, una sconfitta. In questi anni appena trascorsi avrei voluto che fossero pubblicati altri libri, avrei voluto che si diffondessero nuove e più consapevoli politiche d'intervento, avrei voluto che il confronto politico e sociale su questi temi si approfondisse e assumesse toni più responsabili e severi. Mi rendo conto che, da questo punto di vista, usciamo tutti sconfitti. Noi in quanto adulti e responsabili, loro giovani immaturi e irresponsabili.

Questa società invecchia a vista d'occhio e non solo anagraficamente, ma soprattutto culturalmente. Un paese perennemente alle prese con le pensioni, un paese dove non c'è un quartiere dove un ragazzo o una ragazza possa vivere e crescere ma tantissime bocciofile, un paese privo di una politica seria sull'educazione, dove la selezione della nuova classe dirigente è affidata al censo e all'appartenenza di clan: tutto ciò raffigura una comunità sociale avviata al tramonto. Perché non riusciamo a parlare di felicità?

Ricordo che, nel giorno della sua investitura, il primo ministro, onorevole Massimo D'Alema, pronunciò un discorso nel quale affermava che non era compito dei governi e della politica occuparsi della felicità individuale: pensai ai milioni di giovani che l'avrebbero ascoltato. Che speranza ci può essere per un adolescente se la politica si occupa solo di quattrini o di rapporti fra partiti? Chi può davvero dirsi soddisfatto per aver ucciso il sogno di una giovane generazione senza che questi ragazzi possano essere nemmeno risarciti per il crimine subito?

La clinica psichiatrica insegna che uno dei principali sintomi della depressione è la perdita della speranza. Quando però non è più solo un individuo a perderla ma la sua stessa comunità d'appartenenza, quale potrà essere il destino di quella civiltà?

Quando scrivevo questo libro avevo in mente le tante storie di ragazzi e di ragazze che avevo incontrato nel mio mestiere di psichiatra, storie di giovani che non volevano più vivere. La ricerca epidemiologica e le statistiche hanno arricchito il dato soggettivo aggiungendo la dimensione macroscopica: il risultato è stato devastante.

Tuttavia sono convinto che quelle morti contengano un aspetto metaforico che aiuta a capire la natura di ogni destino individuale, ma in grado anche, contemporaneamente, di superare l'unicità di ciascuna di quelle storie di vita. Quei singoli progetti di morte parlano dell'agonia cui la nostra civiltà sembra essere condannata senza ribellioni possibili, come se tutti accettassimo con indifferenza l'orribile presagio.

La morte di cui parlo non è quella biologica, l'unica di cui, con qualche successo, ci siamo occupati. Mi riferisco all'eclissi dell'anima e dei suoi sentimenti, una morte che non lascia intravedere segnali premonitori. Il capolinea della nostra irrazionalità, della nostra componente emozionale, questo sta accadendo. E la gente, la maggioranza di noi, si ostina a non voler capire, a non voler vedere. Se a un bambino si riduce lo spazio emozionale a esclusivo e unico vantaggio della sua sfera cognitiva, lo rendiamo fragile, dipendente, incapace di credere in se stesso. Se un bambino cresce avendo il tempo infarcito di qualsiasi tipo di attività escludendo la sua sensibilità – ovvero l'uso dei sensi – come potrà essere domani adulto autorevole e maturo? Come potrà non temere le relazioni affettive? Come potrà sopravvivere nel mondo futuro avvalendosi solo delle sue capacità cognitive?

Noi abitanti nell'occidente postindustriale, analfabeti d'emozioni, abbiamo costruito un mondo che ci assomiglia, dove per crescere occorre indurirsi. Facciamo finta di ignorare che la rigidità psicologica è la premessa alla nostra infelicità. Ci siamo costretti a scordare che l'emotività, così come la cultura dei sentimenti, sono le uniche speranze per sottrarsi alla noia, gli unici anticorpi efficaci alla ripetitività agghiacciante della nostra vita metropolitana. La libertà avrebbe potuto regalarci i colori, ma tendiamo a riempire le nostre giornate di grigio e di nero. Basta attraversare una strada qualsiasi della nostra città, è sufficiente guardare dentro le macchine incolonnate: e si vede la morte disegnata sull'aggressività e la malinconia di quelle migliaia di volti immobili in attesa del rientro serale.

Dove dovrebbe attingere la speranza un giovane, perché non dovrebbe incolonnarsi anche lui in silenzio nello squallore della monotonia dei nostri quartieri? Chi insegna loro il bello come opportunità rinnovabile, l'emozione come risorsa inesauribile, la ribellione come antidoto al conformismo di una cultura stratificata senza diversità?

Chi ascolta la sensibilità di un giovane che vuole morire? Chi può davvero affermare che di lui e di lei abbiamo bisogno perché rappresentano la nostra soglia critica? Perché ci accaniamo a piallare le loro spine, ad anestetizzare le loro grida senza aver coraggio di ascoltare il dolore dei loro silenzi?

Questo libro ha cercato di parlare alla scuola, alle famiglie, ai quartieri dove i giovani provano a vivere. L'ho fatto a costo di far male, assumendomi il rischio di acuire i sensi di colpa, di essere snobbato dal perbenismo dilagante, che le mie parole fossero sommerse da un invincibile bisogno di rassicurazione.

Recentemente ho lavorato con un gruppo di adolescenti a Genova. Ho cercato di educarli a perdere tempo, spiegando loro che perderlo non vuol dire alienarlo né oziare, ma soltanto ridare spazio alla nostra creatività, all'ascolto di noi stessi. Abbiamo misurato il tempo di una giornata media di un adolescente e abbiamo scoperto che si cena in quindici minuti. Abbiamo provato a dipingere la loro giornata usando i colori accesi per segnalare le grandi emozioni e il grigio per evidenziare la noia: hanno colorato il tempo della scuola tutto di grigio tranne i cinque minuti dell'intervallo.

E se un adolescente, uno di loro, avesse avuto un nodo imprevisto che affiorava nella sua esistenza, una domanda troppo angosciante, una lacrima inspiegabile, a chi avrebbe potuto rivolgersi in quel quarto d'ora serale o in quel grigiore terrificante della sua scuola?

Il suicidio di un giovane non nasce da grandi problemi, ma da piccole scosse inavvertite, piccole sconfitte quotidiane che galleggiano come chiazze di petrolio sul mare dell'indifferenza degli adulti.

Se questo libro potesse andare nelle mani di un ragazzo o di una ragazza, di quelli che guardano attraverso come se nessuno e nulla avesse più senso nella loro vita, se questo libro potesse per un attimo soltanto fermare il loro progetto distruttivo, allora questo libro avrebbe trovato un senso.

Se questo libro potesse finire nella borsa di una mamma che non sospetta ancora nulla, nella tasca della giacca di un papà distratto e troppo occupato e se fosse l'occasione per loro per guardarsi negli occhi e chiedersi "va davvero tutto bene?"

smontando per un attimo solo dal treno in corsa, per chiedersi di Maria, di Giacomo, del loro mondo, delle loro speranze, delle loro paure, allora questo libro piccino avrebbe eseguito il suo compito.

Una cosa è certa: scrivere questo libro è servito a me, mi ha permesso di trasferire la mia inquietudine e la mia insoddisfazione su queste parole nella speranza d'impollinare qualche adulto con i miei dubbi.

E se qualcuno sfogliando queste pagine riuscirà ad annusare l'emozione che le ha accompagnate, allora potrò dirmi davvero soddisfatto.

Gennaio 2000

P.C.

Introduzione

Qualche mese fa, in un'afosa serata d'inizio estate, si teneva un dibattito pubblico sul suicidio. La sala, un'enorme biblioteca ottocentesca, era affollata e qualcuno, non avendo trovato da sedere, seguiva i discorsi appoggiato alle scaffalature di legno. Vi erano persone di tutti i tipi: studenti, pensionati, intellettuali, signore della buona società, studiosi.

Guardavo con curiosità quei visi sudati, assorti in un silenzio rotto dal fruscio di fogli di giornale usati come ventagli. Mi chiedevo come mai tanta gente fosse venuta quella sera in quella sala e perché fosse così attratta da un argomento tanto inquietante quanto inusuale. Mi domandavo se si trattasse di una curiosità emergente, segnale di una profonda e diffusa inquietudine, o se invece non fosse che l'affiorare di una domanda antica, espressione di un lontano e connaturato disagio di vivere.

Mentre gli altri relatori articolavano le loro ragioni, cercavo di darmi una spiegazione.

Mai come oggi nella nostra società il confine tra il concetto di vita e quello di morte si è fatto tanto tenue e sottile; non perché il primo abbia smarrito il proprio senso a vantaggio del secondo, quanto piuttosto perché entrambi hanno perso buona parte del loro significato sacrale: la nostra esistenza non costituisce più un bene improbabile ed effimero, né prefigura un'esperienza inevitabilmente esposta al dolore e alla sofferenza nella quale ogni anno è strappato a una sorte segnata da un destino potenzialmente avverso. Oggi, al contrario, il progresso umano ha consentito di pensare alla vita come a un diritto universale e inalienabile che promette alla gran parte di noi un'esistenza scevra dall'incubo di imprevedibili traumi o di oscure minacce. Augurare a qualcuno di campare cent'anni non implica più un atto di fede, un'oblazione scriteriata o l'appello a una fatalistica attesa di una sorte benigna ma, più banalmente, significa far riferimento a una non trascurabile probabilità statistica.

Tale progresso nasconde tuttavia un aspetto contraddittorio. I successi della medicina e le migliorate condizioni di vita (almeno quelle riferibili alla parte del pianeta dove viviamo) hanno comportato un prolungamento innaturale dell'esistenza: quanti anziani, quanti malati terminali vengono costretti a sopravvivere in condizioni che nessuno di loro avrebbe mai accettato se avesse davvero potuto decidere il proprio destino? Oggigiorno, il timore non è tanto rivolto alla probabilità di una morte prematura quanto, più frequentemente, alla prospettiva di una vita insanamente protratta, svuotata di senso e priva della fondamentale libertà di concluderla nel tempo e nel modo desiderato.

Dalla nostra esistenza sembra dunque essere progressivamente scomparsa la cultura "naturale" della morte, quella inscindibilmente legata al destino o prodotta dalla volontà divina, mentre si sta sempre più affermando quella decisa e controllata dalle conoscenze scientifiche.

Questi fattori hanno contribuito a favorire la crescita di un "bisogno di irrazionalità" che si manifesta attraverso la diffusione di pratiche a un tempo vecchie e nuove: dall'esoterismo alle credenze extraterrestri, dalle nuove forme di misticismo alle più stravaganti proposte di psicoterapia. Tuttavia sarebbe un grave errore ritenere che tale fenomeno configuri solamente una massiccia regressione collettiva. Il bisogno di irrazionalità contempla infatti almeno due esigenze: riconsegnare le questioni relative alla vita (e alla morte) a una sacralità liberata dall'invasione delle più assurde pretese del razionalismo scientifico, riportando al centro della ricerca di ognuno la propria soggettività, ed espandere il potere dell'individuo sul controllo del proprio destino e della qualità della propria esistenza.

Non vi è dubbio che la medicina ha avuto una grossa responsabilità nel determinare quanto sta accadendo: se da un lato è stata in grado di sconfiggere molte cause di sofferenza e di infermità, dall'altro però essa non è riuscita a conferire alla vita un nuovo senso; né si può affermare che sia stata in grado, allungando l'esistenza, di renderla più felice e appagante. La medicina, infatti, si è progressivamente distaccata dall'interesse alla globalità dell'individuo per fissarne una visione parziale, privilegiando un astratto codice di lettura dei suoi bisogni. In questo profondo vuoto lasciato dalla scienza ufficiale, il bisogno di irrazionalità non può che crescere, conquistando nuovi e imprevedibili spazi: tra i motivi che spingono molta gente nelle mani di ciarlatani o di professionisti delle scienze occulte non vi è anche la necessità, sempre più sentita, di essere compresi nella propria interezza e non come organi da anatomizzare o sintomi da decodificare? Dietro al ricorso allo stuolo di fattucchiere, di maghi, di medium e di stregoni che quotidianamente imboniscono migliaia di telespettatori o di malcapitati, non vi può essere una genuina speranza di ridare un senso a un'esistenza ormai priva di ascolto e di curiosità?

La riappropriazione del significato del proprio destino, nella sua accezione razionale e irrazionale, comporta dunque una piena riacquisizione del concetto di morte, nella sua complessa e diversa fenomenologia, strumento paradossalmente necessario per ridare un senso alla stessa nostra esistenza. All'interno di questa operazione di recupero è dunque probabile che si celi una delle motivazioni inconsce che fanno avvicinare a un argomento così inquietante quale è il suicidio.

Se per molti il suicidio è fonte di crescente curiosità e di malcelata inquietudine, per altri rappresenta l'oggetto di una profonda e necessaria negazione. Per secoli chi si toglie la vita (o chi tenta di farlo) è stato giudicato da codici morali e giuridici: solo più recentemente tale giudizio ha lasciato il passo all'interpretazione di sociologi, psicologi e psichiatri. La condotta suicidaria è così diventata, secondo l'assunzione di un diverso punto di vista, un prodotto del cambiamento sociale, l'esplosione di un'anomalia comportamentale o l'atto che cela una vulnerabilità caratteriale.

Il suicida è passato dall'essere oggetto del giudizio morale a quello di una più matura ortodossia scientifica, senza però che per questo ogni pur lodevole tentativo di comprenderne la natura per interferire con la sua intenzionalità autodistruttiva sia riuscito a eliminare i limiti metodologici più grossolani o abbia evitato risultati contradditori. Il suicida sfugge spesso allo sforzo di incasellamento tassonomico del suo comportamento e di riduzione causalistica del suo gesto: rappresenta un ineffabile scacco matto non solo per le regole della razionalità scientifica ma anche, e soprattutto, per i familiari, per gli amici, per chiunque gli sia stato vicino, per chi lo ha avuto in cura o ha tentato di aiutarlo, per l'intera società.

Lo studio delle condotte suicidarie implica dunque una

precisa precondizione: un profondo senso del limite delle nostre conoscenze, un convinto atto di modestia intellettuale. Tale precondizione è però troppo spesso venuta a mancare non solo per la sicumera di alcuni tra gli scienziati che operano in questo campo, ma anche per una paradossale modalità di risposta al profondo senso di paura che il suicida incute in chi intende interpretare e comprendere il suo gesto disperato. Del resto, la paura si è spesso accompagnata al senso di frustrazione e d'impotenza che ha contraddistinto il recente sviluppo delle capacità cliniche e delle pratiche terapeutiche relative non solo alle condotte suicidarie, ma anche ad alcune forme di patologia psichica a esse correlate, come per esempio le psicosi e i disordini depressivi.

Di certo non è solo per un convincimento scientifico che la psichiatria ha così frequentemente utilizzato, nei confronti delle persone che hanno tentato il suicidio o che si presume siano a rischio di compierlo, i suoi metodi d'intervento più traumatici e violenti: dall'annichilimento chimico con iperdosaggi di psicofarmaci a quello fisico attraverso l'uso dell'elettroshock. Spesso non si vuole solo "curare" queste crisi o prevenirne ulteriori, ma si vuole anche, forse solo inconsciamente, "punire" quella persona per aver "tradito" un rapporto terapeutico o rispondere alla valenza insopportabilmente ricattatoria (lo scacco matto di cui parlavo poc'anzi) che spesso l'atto implica. Tutto ciò non rappresenta una novità per la psichiatria, in quanto – come affermano due noti psichiatri dell'Università di Harvard, Herbert Brown e Douglas Jacobs – "quanto meno capiamo di un fenomeno e quanto più ne abbiamo paura, tanto più ci accaniamo utilizzando i nostri metodi più barbari e violenti" [1].

Se dunque si ammette che la condotta suicidaria non può in alcun caso trovare una sua esaustiva comprensione quando viene ridotta a semplice sintomo clinico di una patologia psichica, come si può pensare che essa possa essere corretta o prevenuta dal solo uso di uno psicofarmaco? Può un antidepressivo o una scarica di elettroshock addolcire una disperazione o colmare un'esistenza svuotata?

Come molti altri ricercatori, sono del tutto convinto del contrario: anche nella condotta suicida più chiaramente correlabile a uno stato di disagio psichico vi è una messa tra parentesi temporanea di tale componente che fa emergere l'ultimo brandello di coscienza razionale. Il suicidio, in quanto ricerca attiva della morte, implica dunque l'adozione di una direzionalità, ovvero l'attivazione disperata della residua capacità cognitiva. Ciò può spiegare, per esempio, sia il motivo per cui il rischio suicidario tende a crescere in corrispondenza a episodi di remissione sintomatica sia il travaglio preparatorio che spesso precede l'atto finale.

Il senso del discorso, dunque, si sposta inevitabilmente sul significato più profondo del suicidio, argomento sicuramente troppo complesso per essere lasciato solamente all'interpretazione degli psichiatri.

Se l'esigenza d'interpretare le condotte suicidarie in modo trasversale rispetto ai saperi delle singole discipline si rende necessaria rispetto al fenomeno nel suo complesso, tale punto di vista diviene indispensabile quando ci si riferisce agli adolescenti.

Ciò che, in modo un po' generico, viene chiamato "disagio giovanile" è stato oggetto in questi ultimi anni di ricerche analitiche e di interpretazioni indubbiamente utili. Le statistiche ufficiali ci informano che le forme attraverso le quali tale disagio si sta manifestando hanno superato ogni più pessimistica previsione e hanno assunto un rilievo tale da indurre una profonda e giustificata preoccupazione. Il numero degli atti di violenza subita o perpetrata da adolescenti, il numero dei giovani tossicodipendenti e alcolisti, la massa di giovani in cerca di una prima collocazione, la crescente percentuale dei minori costretti a vivere nel ricatto della macro e della micro-criminalità, l'elevatissimo tasso di precoce abbandono scolastico rappresentano gli indicatori, forse solo quelli più crudi e impietosi, della profonda crisi che il mondo giovanile sta attraversando. L'uso delle statistiche sociali per lo studio di questi fenomeni è prassi troppo recente per stabilire con certezza se tale quadro deprimente descriva condizioni peggiori o migliori di quelle di altre generazioni. Ma ciò non sarebbe certo di consolazione per nessuno.

La crescita del tasso di suicidio tra gli adolescenti, ben documentata in molti paesi del mondo occidentale, non può non essere inclusa in questo doloroso elenco; eppure tale fenomeno non deve essere semplicemente e intuitivamente assimilato agli altri appena descritti se non si vuole commettere un errore di semplificazione simile a quello descritto a proposito delle scienze biomediche.

Infatti, se una condotta suicidaria non è riducibile solamente all'espressione di una patologia psichica, essa non può nemmeno essere necessariamente considerata il mero prodotto di una crisi sociale, pur vasta e drammatica come quella che ci riguarda. Se adottassimo come ipotesi interpretativa delle condotte suicidarie adolescenziali l'equivalenza tra tale fenomeno e le espressioni di crisi sociale, dovremmo attenderci che i valori più alti degli atti autodistruttivi fossero riscontrabili nelle aree geografiche o tra le classi sociali più esposte all'involuzione sociale: potremmo così perfino meravigliarci di un giovane nato e cresciuto in un ambiente sfavorevole che non scelga di togliersi la vita...

I dati epidemiologici più attendibili dimostrano che queste ipotesi sono semplicistiche e superficiali. Evidentemente il problema è assai più complesso.

Perché dunque il suicidio adolescenziale rappresenta una così drammatica e crescente emergenza sociale? Il lettore troverà riferimenti a tale complessa questione nei diversi capitoli del libro; in questa sede mi limiterò ad anticiparne brevemente alcuni riferendomi soprattutto a ipotesi formulate da Keith Hawton in uno dei suoi più noti saggi [2]: riferendosi alla situazione della maggioranza dei paesi occidentali, Hawton sottolinea la concomitanza di due fattori principali.

Il primo riguarda la profonda trasformazione che sta attraversando l'istituzione familiare: il numero dei suoi componenti è enormemente diminuito, quello delle separazioni è notevolmente salito, la probabilità di nascere in una famiglia con un solo genitore sta diventando tutt'altro che rara: negli Usa si stima che un bambino su tre vive in questo tipo di ambiente. Tutto ciò comporta il venir meno di un fattore di formidabile importanza per il sostegno sociale e affettivo i cui riflessi sull'equilibrio psicologico dell'adolescente sono intuibili. Tale fattore è ancor più essenziale in un paese come l'Italia dove, tradizionalmente, la famiglia ha svolto un ruolo di protezione psicologica di enorme importanza: una sua così rapida e drammatica trasformazione, accompagnata da un progressivo decadimento dei valori sociali nel loro complesso, ha certamente contribuito a rendere ancor più spaventoso l'aumento del numero delle morti di giovani per cause violente registrato in quest'ultimo quinquennio (il numero dei giovani morti ammazzati ha raggiunto quello dei giovani suicidi, che da oltre un secolo era sempre stato superiore).

Il secondo fattore riguarda un aspetto culturale: il cambiamento del grado di accettazione dell'idea di suicidio tra i giovani. Ho appena accennato al progressivo smarrimento del significato dei valori esistenziali collegabile a quanto quotidianamente si legge sui giornali: i decessi per overdose di eroina, le sfide in corse contromano in autostrada, il folle duello fra motociclisti, il gioco agghiacciante di sollevarsi dai binari appena prima del passaggio del treno. Anche se nessuno di questi tragici riti di per sé è assimilabile a un suicidio (in questi casi non si vuole morire, si intende solo sfidare la morte e disprezzare la vita), non vi è dubbio che ognuno di essi comprende anche un messaggio di angosciante autodistruttività (ciò che gli esperti chiamano "equivalente suicidario") che è sinonimo di accettazione della cultura di morte. Il ricercare così attivamente la morte comporta la sua ammissione nella nuova grammatica del vivere dei giovani.

Si potrà obiettare che ogni generazione ha avuto i suoi miti negativi, i suoi idoli sacrificati sull'altare del nichilismo, così come si può anche rilevare che tutto ciò è una riproposizione di quanto un giovane ha "imparato" dagli aspetti più barbari della società degli adulti: che cosa deve pensare dei valori della vita un bambino di Palermo quando vede spietati criminali vivere liberi e rispettati? Tuttavia, anche se queste obiezioni sono fondate, non si può negare la specificità dell'attuale crisi esistenziale dei giovani. Tale crisi ha a che vedere con il problema dell'identità.

Erik Erikson [3] ha descritto l'adolescenza come una condizione di confine nella quale si esaspera il conflitto tra scelta e identità: infatti, se per l'adulto la crisi d'identità è soprattutto legata all'angoscia di perdere ciò che si è stati e che si è, per l'adolescente l'elemento di sofferenza è collegato all'approfondirsi del divario tra il non sapere chi si è e la paura di perdere ciò che si potrà essere. Tale divario rischia oggigiorno di aprirsi ancor più in quanto l'immaginario collettivo veicolato dai media (pubblicità, *fiction*) appare tanto improbabile quanto seducente: la discordanza tra quello che un adolescente vorrebbe fare da adulto e quello che ritiene di potere, in realtà, fare rappresenta un fattore di rischio di instabilità emotiva di grande importanza.

Il vuoto aperto dall'angoscia di dover crescere può dunque per qualcuno gradualmente riempirsi di surrogati esistenziali che indicano una precoce stanchezza di vivere. In un'esistenza che perde di valore crescono di significato le pratiche e le idee di morte: la vita tende a diventare un complemento della sua stessa conclusione, finché il tentare di annullarsi non diventa una paradossale verifica: esisto e dunque mi posso anche cancellare suicindandomi.

Questo lavoro ha al centro della sua ricerca proprio questo vuoto. Non vuole asetticamente spiegarlo, ma invaderlo per contaminarlo e per scoprirne il senso e le dimensioni.

Maggio 1993

1. Angoscia di vivere, paura di crescere
Dal concetto di morte alle teorie interpretative delle condotte suicidarie tra gli adolescenti

La cognizione della morte nel bambino e nell'adolescente

Noi adulti spesso riteniamo che un bambino è tanto lontano dal pensiero della morte quanto lo è la felicità dalla tristezza, la luce dalle tenebre. Tendiamo infatti ad attribuire al bambino quella parte del nostro mondo che sentiamo di avere irrimediabilmente perduto: un rapporto giocoso e spensierato con la vita. È come se pensassimo che è il processo maturativo in se stesso a comportare, come un ineludibile e specifico fardello, la cognizione dell'angoscia e del dolore. Insomma, guardiamo al bambino come a un essere distinto da noi da una profonda soluzione di continuità; anzi siamo portati a pretendere che il mondo dei bambini rimanga incontaminato dalle angosce dei grandi, impermeabile al nostro dolore esistenziale.

Vorrei invece provare a ragionare utilizzando una diversa prospettiva, secondo la quale la lenta crescita della vita comprende e include, fin dalle sue prime fasi, ingredienti quali un'impalpabile sofferenza, la disperazione muta, il dolore sordo, le angosce più buie. Né bisogna pensare che questi sentimenti, quando affiorano, costituiscano necessariamente il primo esordio di una patologia: al contrario essi appartengono a un vissuto variegato cui ogni essere umano attinge per riempire la propria esistenza di contenuti e di esperienze. La cognizione del dolore e della morte – intesa non solo come esasperazione dell'esperienza dolorosa, ma anche come evento in sé – nasce dunque spontanea lungo il processo di crescita del bambino, maturando le difese dell'io durante il periodo più delicato e decisivo del suo sviluppo; il concetto di morte fa parte del bagaglio di curiosità e di fantasia che il bambino nutre nei confronti delle cose del mondo e costituisce l'indispensabile premessa per un'adeguata costruzione delle sue difese.

Ogni adulto che si sia trovato a rispondere alla domanda di un bambino riguardo la morte del passerotto trovato in giardino o del gattino di casa sa che molto spesso i bambini dimostrano una spiccata curiosità nei confronti della morte e che le loro domande riguardano aspetti molto concreti e non necessariamente angoscianti di essa. Tale curiosità, più che riguardare un evento esterno, riflette in realtà il crescente interesse che il bambino ha verso se stesso, verso la propria crescita. In altre parole, egli vorrebbe chiederci: "Se il gattino è morto, perché io sono vivo?".

Per affrontare, interpretare e capire le condotte suicidarie compiute dagli adolescenti occorre dunque partire da queste curiosità – spesso negate e travisate dal mondo degli adulti – che rappresentano i primi mattoni con cui il bambino costruisce la propria cognizione della morte e dunque, in modo speculare, anche di una parte significativa della vita.

Fin dagli studi pionieristici della psicoanalista Hermine Hug-Hellmuth [1], tutti i ricercatori e i clinici che si sono interessati all'analisi di questo aspetto dell'evoluzione psicologica del bambino concordano nel ritenere che il concetto di morte subisce nei primi anni di vita una profonda e progressiva trasformazione.

In un suo fondamentale lavoro, Ronald Lourie [2] sostiene che la prima esperienza riguardo alla morte avviene alla fine del primo anno, in coincidenza con la separazione dalla madre: il bambino infatti stabilisce in questa circostanza, seppure in una forma limitata dal punto di vista cognitivo, l'equivalenza tra *assenza* e *non-esistenza*. Se la persona è assente, è come se non esistesse più: per l'essere umano, dunque, il primo concetto di morte coincide con quello di assenza. Immediatamente dopo, però, il bambino sperimenta la propria capacità di controllo su questo evento: se è vero che la madre sparisce, *può* però tornare, anzi *la si può far* tornare. Il bambino impara che si possono mettere in essere modalità in grado di eliminare l'angoscia per la perdita proprio attraverso l'annullamento della mamma: chiude gli occhi o la rifiuta, "uccidendo" la causa del suo dolore; sparisce lui, per difendersi dall'intollerabile dolore della sparizione di lei. Ma la madre ricompare (anche), in conseguenza al comportamento ricattatorio del figlio, rinforzando così nel bambino la consapevolezza dell'efficacia del ricatto come forma di potere sulle persone che hanno potere su di lui: impara quindi non solo che esiste la perdita (l'assenza-morte), ma che ci si può difendere dal dolore e dall'angoscia attraverso il proprio annullamento (ci si uccide per uccidere la causa del proprio dolore) e che questo sistema è efficace per tornare a far vivere e a vivere. In questo primo stadio il concetto di morte, dunque, essendo legato all'assenza-separazione, riguarda un *evento reversibile*: la morte non interrompe tutte le funzioni vitali, il morto continua a sentire o a vedere.

Una prima modifica del concetto di morte avviene tra i due e i quattro anni. Come ha puntualizzato il neuropsichiatra infantile americano George MacLean [3], il bambino comincia ad avere paura della propria morte in quanto estensione di quella evocata dagli oggetti che lo circondano, da un evento atmosferico, dal buio; il pensiero di morte può affiorare anche in rapporto a un sentimento di frustrazione o di rabbia: in ogni caso indica una più complessa percezione del proprio ambiente. Dopo i tre anni, l'idea di morte – pur continuando a rappresentare un evento reversibile – si associa all'idea di violenza: le fantasie di morte vengono infatti rivolte a persone che, pur costituendo per lui un importante legame affettivo, rappresentano il polo d'attrazione della sua aggressività. Per il bimbo di questa età non sono più gli oggetti inanimati l'origine della paura per la propria morte, ma i protagonisti animati della sua più ricorrente fantasia: la strega malefica della fiaba, l'orrendo mostro dei primi giornaletti, il tremendo robot del *cartoon* televisivo. Dunque il concetto di morte è ancora dissociato dall'universalità (un evento che riguarda tutti) e dalla causalità: le ragioni della cessazione della vita sono ancora magiche e misteriose, se si eccettua il rapporto con l'alimentazione (il cibo è già chiaramente per loro ragione di vita).

Dopo i nove anni, l'idea di morte subisce un secondo e fondamentale cambiamento: perde la sua connotazione di evento transitorio, di strumento di ricatto e di violenza per essere vissuto come *evento definitivo, universale e irreversibile*. Negli anni della preadolescenza infatti, sia secondo Speec e Brent [4] sia secondo Kane [5], il concetto di morte corrisponde alla cognizione che essa rappresenta non solo un evento uguale per tutti, ma che è anche causa della cessazione della vita biologica e sensoriale di un essere umano: la morte diventa dunque attribuibile a una persona diversa da sé.

Anche Jean Piaget ha offerto un importante contributo a questo riguardo. Secondo lo psicologo svizzero, infatti, tra i sette e i dodici anni il bambino – il cui sviluppo cognitivo è caratterizzato da una capacità operazionale concreta, che lo mette in grado di applicare un sistema cognitivo logico per la soluzione dei problemi – inizia a percepire la morte come un possibile atto finale, anche se ancora non sempre come un evento universale e individuale [6].

Queste teorie non si applicano a tutti i soggetti indistintamente: infatti non in tutti i bambini che hanno superato i nove anni il concetto di morte subisce la trasformazione ora descritta (dall'identificazione della morte nell'evento che riguarda la persona deceduta al riconoscimento della morte come esito ineludibile di un processo biologico): non sono pochi i casi di preadolescenti o di adolescenti per i quali la morte continua a rappresentare un evento non irreversibile [7]. Dobbiamo dunque ritenere, come suggerisce Melear [8], che l'età non sia l'unico fattore di riferimento nell'analisi dello sviluppo del concetto di morte, ma che devono essere considerati anche lo stato emotivo e lo sviluppo cognitivo.

Alcuni ricercatori ipotizzano che proprio il lento sviluppo delle capacità cognitive e la conseguente graduale maturazione del concetto di morte nei primi anni di vita costituisca una delle spiegazioni del basso numero di suicidi compiuti da bambini [9]. Infatti, secondo autori come Nagy [10] o la Pfeffer [11], è solo nella prima fase dell'adolescenza che l'idea di morte tende a comprendere anche i primi desideri riferiti alla propria morte: essi cessano di rappresentare solo delle fantasie per giungere a configurarsi come la soluzione possibile e concreta di un conflitto interiorizzato; perché possa tramutarsi in atto, tale soluzione necessita tuttavia di una capacità cognitiva che si sviluppa solitamente nella seconda fase dell'adolescenza: la capacità di programmazione mentale, ovvero tutto quanto attiene alla capacità individuale di prevedere e controllare le variabili ambientali e di sceglierne le più efficaci allo scopo desiderato.

Queste riflessioni sul concetto di morte nell'infanzia e nella prima adolescenza introducono una domanda: esistono differenze nella cognizione della morte tra gli adolescenti che hanno palesato una tendenza alle condotte autolesive o suicidarie e i loro coetanei che non le hanno manifestate?

Come ha brillantemente dimostrato la psichiatra americana Cynthia Pfeffer, se una possibile differenza è la spiccata e reiterata attenzione che i giovani con tendenze suicide hanno avuto fin dall'infanzia nei confronti della morte e delle persone morte [12; 13], è però da sottolineare che il concetto di morte di questi adolescenti è particolarmente immaturo, riflettendo quello tipico dell'infanzia: la morte è vista come un *evento reversibile* e piacevole.

Altre notevoli differenze sono state confermate da un'altra

interessante ricerca [14] che, in un campione di adolescenti, ha indagato quattro parametri: l'attrazione/repulsione nei confronti della vita, l'attrazione/repulsione nei confronti della morte. Ai ragazzi è stato chiesto di rispondere ad alcune domande riguardanti storie contenenti dilemmi in rapporto alla vita e alla morte: gli eroi di queste fiabe erano animali, alcuni dei quali morivano nel corso della storia stessa. Gli adolescenti che avevano manifestato idee suicidarie, hanno dimostrato un livello di repulsione nei confronti della vita, anche se con aspetti contraddittori, contemporaneamente a una forte attrazione nei confronti della morte significativamente superiori al gruppo di controllo.

Viene, allora, spontaneo chiedersi come le condotte suicidarie vengano vissute e interpretate dagli stessi adolescenti. Non è certo facile studiare questo aspetto, in quanto occorre superare inevitabili resistenze e tendenze alla negazione, soprattutto quando l'adolescente intervistato percepisce tale condotta come non del tutto estranea ai propri sentimenti. Uno dei metodi più utilizzati è quello di interrogare direttamente i ragazzi che hanno tentato il suicidio; i risultati di queste ricerche possono essere però falsificati dai successivi cambiamenti del vissuto profondo del soggetto in rapporto ai motivi che gli hanno fatto desiderare la morte nelle ore e nei giorni immediatamente successivi al tentativo di autosoppressione. Inoltre, come ha notato White [15], oltre la metà degli adolescenti intervistati non è riuscita a trovare le parole per descrivere il proprio vissuto nei confronti né dell'atto compiuto né dei motivi che lo hanno indotto.

Appare dunque più corretto affrontare questo tema, come suggerisce anche lo psichiatra inglese Keith Hawton [16], suddividendo i motivi che hanno spinto l'adolescente a tentare il suicidio secondo il vissuto precedente a quello seguito all'atto.

Una delle ricerche più interessanti compiute in questi ultimi anni ha coinvolto un gruppo di ragazzi tra i tredici e i diciassette anni (tutti con precedenti tentati suicidi) cui veniva chiesto di scegliere tra cinque carte ognuna rappresentante una diversa spiegazione dell'intenzionalità autolesionistica prima della sua attuazione [17]. Il sentimento scelto più frequentemente da oltre la metà del campione di adolescenti è la rabbia nei confronti di un familiare o di un amico, unitamente alla percezione di sentirsi indesiderati e soli. È stato inoltre notato che, con il crescere dell'età, le motivazioni denunciate tendevano a riguardare sempre più chiaramente la preoccupazione per il proprio futuro. Ciò conferma l'ipotesi, supportata da diverse ricerche [18; 19], che nella prima fase dell'adolescenza non sia tanto il vissuto depressivo ad accompagnare un'ideazione suicidaria, quanto piuttosto il senso di perdita delle speranze, ovvero una caratteristica tipicamente cognitiva che spesso precorre il sintomo di patologia affettiva.

Se invece si tenta di analizzare le ragioni che un adolescente adduce per spiegare il proprio gesto suicida, si può notare che egli ben raramente espone una chiara e precisa motivazione. White [20] sostiene che nella maggioranza dei casi gli adolescenti da lui intervistati immediatamente dopo il tentato suicidio non giustificavano il proprio gesto se non con frasi vaghe e senza un senso preciso. In un'altra e più approfondita indagine, Hawton e i suoi collaboratori [21] hanno intervistato un campione di adolescenti della contea di Oxford che avevano tentato il suicidio attraverso l'ingestione di farmaci; veniva loro chiesto se avevano avuto una ferma intenzione di morire, se non avevano avuto intenzione di morire o se, infine, erano del tutto indifferenti all'esito del proprio gesto. Le risposte venivano successivamente correlate con le indicazioni fornite dagli operatori che avevano prestato loro le prime cure all'atto del ricovero in ospedale. Il dato più interessante emerso da questa ricerca riguarda il notevole livello di disaccordo fra le opinioni degli adolescenti e quelle dei medici: mentre circa un terzo dei giovani ha infatti dichiarato di aver realmente avuto intenzione di togliersi la vita, solo in piccola percentuale i medici hanno concordato su tale intenzionalità. La non corrispondenza tra i due giudizi si è riproposta anche in rapporto alla risposta di ambivalenza data dai giovani (la più frequente in assoluto, con il 42 per cento dei casi): solo il 12 per cento dei medici ha concordato con gli adolescenti riguardo l'indifferenza circa l'esito del gesto. Questa indagine è stata inoltre in grado di verificare le motivazioni addotte dagli adolescenti per il proprio gesto suicida: è emerso che le ragioni più frequentemente utilizzate sono state il bisogno di sollievo in rapporto a uno stato d'animo intollerabile, la necessità di fuggire da una situazione ritenuta insopportabile, l'esigenza di far sì che le persone intorno a loro comprendessero quanto essi fossero disperati. Al contrario, ben raramente sono state addotte ragioni di tipo manipolatorio, come la necessità di chiedere aiuto o di verificare se si era davvero amati dal proprio ragazzo o dalla propria ragazza.

Il fatto che l'adolescente motivi il proprio gesto con una reale intenzione di morire – contraddicendo il dato epidemiologico che indica una bassa incidenza di suicidi riusciti in queste fasce d'età – e che non lo spieghi utilizzando ragioni manipolatorie può significare che egli si sente, al momento dell'attuazione del gesto suicida, talmente sovraccaricato psicologicamente da trovarsi ad agire *come se* volesse effettivamente togliersi la vita, quando invece la morte non rappresenta il vero obiettivo del suo atto. Le modalità manipolatorie sono infatti spesso sviluppate come inconsce espressioni di aggressività e ostilità eterodiretta (nei confronti della figura genitoriale o amicale) che l'adolescente non è ancora in grado di elaborare autonomamente. Ciò tuttavia non ci deve far pensare che nelle condotte suicidarie adolescenziali non vi sia mai una reale e consapevole intenzionalità: non è affatto raro infatti riscontrare che il tentato suicidio di un giovane è in realtà un suicidio mancato solo per ragioni fortuite. Del resto la ricerca della morte nella prima adolescenza è certamente facilitata, come ho avuto già modo di dire, dalla stessa cognizione che soggetti così giovani hanno di questo evento: un episodio transitorio, atto a sollevarli da una situazione dolorosa.

Quanto esposto finora riguardo il concetto di morte nelle prime fasi della vita e a proposito del punto di vista dell'adolescente sulle condotte suicidarie proprie e dei coetanei, mi permette di affrontare il punto centrale di quest'ordine di riflessioni: le principali teorie interpretative delle condotte autolesive tra gli adolescenti.

Teorie interpretative delle condotte suicidarie adolescenziali

Chi come me si trova ad affrontare il caso di un suicida, è tentato ogni volta di rispondere che si tratta di una questione complessa: ciò è contemporaneamente vero e banale. Anche se non possiamo non essere d'accordo con quanto afferma il professor Edwin Shneidman quando scrive che "l'unica cosa che hanno in comune dodici persone che si sono sparate alla testa è la pallottola" [22], ciò che tutti noi siamo tenuti a evitare è la sterile contrapposizione tra un genericismo multifattoriale (difetto in cui rischiano di incorrere alcune indagini epidemiologiche) e un particolarismo soggettivistico (in cui, d'altra parte, possono rischiare di cadere certi studi clinici descrittivi). Per aiutare il lettore in questa difficile navigazione, cercherò di fornirgli, seppur brevemente, alcune linee-guida sui principali modelli teorici che compongono il caleidoscopio interpretativo riguardo alle condotte suicidarie adolescenziali.

L'approccio sociologico. Si tratta delle più note tra le teorie interpretative del suicidio, tali fin dallo scorso secolo a seguito delle ricerche di Emile Durkheim [23]. Secondo queste teorie, la condotta suicidaria è influenzata e determinata da fattori esterni legati alle dinamiche intersoggettive tipiche delle relazioni umane nell'ambiente familiare, lavorativo e sociale. Il contributo del sociologo francese si è maggiormente concretizzato attraverso la classificazione, divenuta ormai canonica, delle condotte suicidarie secondo quattro tipologie principali: il *suicidio egoistico* (riguarda chi ha perso qualsiasi legame con la società e assume il significato di liberazione dalla costrizione di vivere); il *suicidio altruistico* (occorre quando questa morte non avviene per un'esigenza personale, ma della collettività); il *suicidio fatalistico* (riguarda la persona che cerca attraverso la propria morte di evadere da una situazione concreta ritenuta insopportabile); il *suicidio anomico* (si riferisce alla morte di una persona che non è più in grado di affrontare una crisi in modo razionale in presenza di un'alterazione dei suoi legami con l'ordine sociale). È importante ricordare che tale alterazione può accadere sia in presenza di un periodo di profonda crisi economica sia quando il contesto di vita improvvisamente muta in meglio: tipico è l'esempio, utilizzato dallo stesso Durkheim, dell'aumento dei suicidi a metà del secolo scorso in Prussia verificatosi all'indomani di un drastico decremento del prezzo del pane.

Moltissimi sono stati i ricercatori sociali che hanno proseguito il lavoro intrapreso da Durkheim dal punto di vista sia metodologico sia teorico. Tra questi un contributo interessante è venuto da Henry e da Short [24] i quali hanno aggiunto alla variabile "esterna" (in termini di legami sociali) come fattore causale delle condotte suicidarie quella determinata dai legami "interni" (superegoici) dell'individuo: si tratta dell'ipotesi che indica negli avvenimenti sociali la rappresentazione delle scelte riflettenti la personalità del soggetto. Altrettanto importante è stato il lavoro di ricerca condotto dal sociologo americano Jack Douglas [25], il quale ha sottolineato il valore del concetto di integrazione sociale di un gruppo come fattore protettivo rispetto al suicidio, così come, al contrario, quello della stigmatizzazione sociale in quanto fattore eziologico di molte condotte autolesive compiute nell'ambito di piccoli gruppi connotati da un forte controllo sociale: il livello d'integrazione sociale non è dunque di per sé comprensibile solo come fattore protettivo, in quanto esso può favorire anche forme di esclusione di soggetti non integrati nella norma dominante.

Tra gli apporti più nuovi, come viene ricordato dagli autori di alcune recenti analisi dei contributi teorici sull'interpretazione del suicidio [26; 27; 28], uno tra i più innovativi dell'approccio sociologico è quello di Ronald Maris [29], il quale si è voluto staccare dall'impostazione statica e strutturale durkheimiana per approdare a un modello interpretativo assai più dinamico giungendo a ipotizzare come necessario lo studio della *carriera di vita del suicida*: per affrontare tale analisi il solo approccio sociologico, secondo Maris, non può bastare e il ricercatore deve arricchire la propria indagine utilizzando gli strumenti sia del campo psicologico-clinico (basati sulla teoria della vulnerabilità individuale) sia dell'analisi psicosociale.

L'approccio psicosociale. Uno dei contributi più citati in letteratura a proposito dell'interpretazione psicosociale delle condotte suicidarie adolescenziali è quello proposto da Petzel e da Riddle [30], i quali hanno coniugato alcuni concetti teorici presi dalla psicologia dei gruppi (i conflitti familiari, le relazioni sociali, i processi di adattamento in rapporto all'ambiente amicale e scolastico) con altri provenienti dalla psicologia cognitiva (il livello di intenzionalità e di motivazione autodistruttiva, la cognizione di morte, il grado di perdita di speranze).

Hendin ha invece cercato di utilizzare gli apporti degli studi epidemiologici confrontandoli con le più recenti acquisizioni della psicologia dinamica [31]: vengono così rivisitate alcune delle ricerche che hanno indagato il rapporto tra suicidio e violenza, i periodi storici in cui i tassi di suicidio crescono ubiquitariamente, l'influenza della famiglia nel costruire una cultura (o sub-cultura) dell'autodistruttività. Analoghe e più convincenti ipotesi sono state formulate dal noto psichiatra americano David Lester [32; 33], il quale ha introdotto la variabile rappresentata dalla qualità della vita per interpretare le grandi differenze che caratterizzano i paesi industrializzati (ad alta incidenza di suicidio) e quelli in via di sviluppo (in genere denotati da una bassa frequenza del fenomeno). Lester sostiene che là dove la gente utilizza chiare forme esterne per interpretare e recriminare sul proprio infausto destino, assume un atteggiamento più aggressivo che comporta una minor carica depressiva e, dunque, autolesionistica. La recente notorietà di questo ricercatore è anche dovuta al fatto che egli è uno degli autori che hanno proposto l'ipotesi dell'esistenza di una subcultura delle condotte suicidarie adolescenziali, teoria che peraltro non sempre ha suscitato un equanime consenso [34].

Analizzando alcune caratteristiche comuni a storie di adolescenti suicidi, secondo Lester è possibile circoscrivere e descrivere una sub-cultura in cui molti altri ragazzi (non necessariamente caratterizzati da tutte le variabili emerse nel gruppo di coetanei che si sono tolti la vita) si riflettono e si identificano; questa sub-cultura suicidaria (o *peer culture*, cultura dei coetanei, come la chiama Lester) può dunque fungere da riferimento e da esempio, offrendo la possibilità di imitare, identificandovisi, quelle stesse condotte suicidarie.

L'approccio psicodinamico. La psicoanalisi – soprattutto se si fa riferimento al complesso disciplinare teorico e clinico risalente alle fondamentali intuizioni del suo fondatore Sigmund Freud – si è interessata al suicidio – affrontato molto indirettamente – più che al tema dell'autodistruttività. In uno dei suoi scritti più noti, *Lutto e melanconia* [35], Freud sostiene infatti che l'autodistruttività rappresenta l'introversione dell'aggressività che il soggetto compie quando non è in grado di dirigere i propri impulsi verso l'oggetto libidico. Il soggetto, avendo introiettato l'oggetto d'amore che teme di aver perduto (ovvero avendolo immaginariamente incorporato), trova più facile indirizzare la propria carica aggressiva verso questa parte internalizzata che volgerla verso l'esterno (contro ciò osterebbe il proprio Super-io, inteso come coscienza inconscia che assoggetta la persona costringendola al rispetto delle norme sociali e morali). L'autodistruttività da una parte consente di aggredire (uccidendo fantasmaticamente la parte incorporata in sé) la persona amata rea di averlo abbandonato, dall'altra funge da punizione comminata dal Super-io per aver nutrito impulsi aggressivi nei confronti dell'oggetto amato.

In un lavoro successivo, *Al di là del principio di piacere* [36], Freud modifica parzialmente il suo pensiero. Egli sostiene che, così come l'istinto di vita (Eros), l'istinto di morte (Thanatos) è presente in tutto il mondo animale e rappresenta la forza istintuale primaria utilizzata dall'uomo per tornare allo stato di completa inerzia caratteristica della vita fetale. Tale istinto di morte è in genere contrastato da quello di vita, così come dai valori sociali che l'individuo apprende nei suoi primi anni. Secondo questa ipotesi, dunque, l'aggressività verso se stessi non è secondaria all'aggressività rimossa, ma corrisponde a una tendenza connaturata all'essere umano. Riferendosi a tale teoria, uno psicoanalista di Los Angeles, Tabachnick [37], sostiene che l'istinto di morte, agendo attraverso il Super-io, ha in sé la capacità di condurre l'Io verso l'atto suicida, rompendo l'intreccio che tiene uniti istinto di vita e di morte: la componente legata all'Eros, che spinge l'individuo verso le forme esterne dell'aggressività e della conquista, soccombe nei confronti della componente Thanatos che ne sottolinea le valenze autodistruttive. Il suicidio indica la rottura dell'equilibrio a favore dell'istinto di morte.

Ma qual è la causa di questa rottura? In una loro recente rassegna due psicologi italiani, Eugenio Fizzotti e Angelo Gismondi [38], hanno tentato di rispondere al quesito citando l'opera dello psicoanalista tedesco Heinz Henseler [39], il quale sostiene che il suicidio accade quando la persona teme "sia messa irremediabilmente in pericolo la sua relazione oggettuale narcisistica". Secondo la teoria psicoanalitica e lo stesso Henseler, tale relazione consiste nel "rapporto d'amore del soggetto con un oggetto che egli sceglie inconsciamente sul modello della propria persona [...] si tratta di una scelta in cui l'oggetto rappresenta la propria persona sotto questo o quell'aspetto [...] la persona scelta viene apprezzata non tanto come individuo indipendente, ma come sostituto di una mancanza reale o presunta". Una relazione oggettuale narcisistica implica una bassa stima di sé: le persone in questo stato cercano di superare tale carenza di autostima attraverso consce e inconsce fantasie di grandezza oppure cercando partner che possano personificare ciò che essi sentono come proprie carenze: l'altro cessa di essere *altro da sé* per essere *parte di sé* (oggetto narcisistico). Quando questo tipo di legame si incrina è come se si incrinasse una parte di sé, dunque la persona corre il rischio di disintegrarsi: in questi casi la rabbia e l'odio per la rottura di quel legame vengono diretti verso se stessi nella speranza di farlo rimanere in vita. In queste situazioni il suicidio può avere una doppia valenza: quella conscia di togliersi la vita e quella inconscia di salvare la vita alla relazione oggettuale narcisistica. La morte cercata porta – a livello fantasmatico – queste persone verso una soluzione nella quale la quiete, la soluzione delle tensioni possono ricondurle a uno stadio primitivo (regressione) in cui quel rapporto oggettuale può rinascere da capo.

Un ulteriore e consistente apporto post-freudiano è quello di un altro psicoanalista tedesco: Karl Menninger. Nel suo libro *Man against himself* [40], egli mette in luce tre aspetti psicodinamici fondamentali della tendenza all'ostilità e al suicidio: il desiderio di uccidere, il desiderio di essere ucciso e il desiderio di morire. Secondo Menninger, in ogni suicidio sono compresenti questi tre aspetti, anche se di solito uno predomina sugli altri: in uno dei casi citati, il suicidio di un adolescente è motivato soprattutto dal desiderio di uccidere (il padre), ma sono anche presenti il desiderio di essere ucciso (autopunizione) e quello di morire (per raggiungere la madre deceduta). Il contributo di Menninger non si limita a questi concetti: di grande importanza è anche il suo apporto teorico all'allargamento del concetto di suicidio: sua è infatti la definizione di *suicidio cronico*, a significare il comportamento di chi mette a repentaglio la propria esistenza attraverso atti indirettamente autolesivi (tipicamente, il comportamento del tossicodipendente cronico), e di *suicidio focale*, ovvero di chi rivela impulsi autopunitivi attraverso atti monotonamente ripetuti (per esempio, si ferisce i polsi con tagli superficiali che non denotano comunque una precisa intenzionalità autosoppressiva).

Un altro noto psicoanalista, l'americano Gregory Zilboorg, ha sviluppato alcuni degli spunti teorici elaborati da Menninger. Egli afferma che qualsiasi atto suicidario contiene un'inconscia componente di ostilità unita a una spiccata incapacità di amare gli altri [41; 42]. L'importanza del contributo di Zilboorg si basa non solo sulla sua intuizione riguardo alla componente narcisistica della condotta suicidaria, considerata un atto primitivo con il quale il soggetto tende a concretizzare fantasie di immortalità – anticipando in questo il pensiero di Henseler – ma anche sul riuscire a collegare le dinamiche intrapsichiche che sovraintendono al suicidio a fattori esterni (teorizzando, per esempio, la vulnerabilità dei legami familiari come uno dei fattori eziologici dei suicidi giovanili).

Come abbiamo visto a proposito di Henseler, il contributo della psicoanalisi non si ferma alle intuizioni pionieristiche di Freud o dei suoi primi allievi. Nel secondo dopoguerra, infatti, numerosi sono stati gli autori interessati all'interpretazione delle condotte suicidarie, in particolar modo adolescenziali. Da una parte, alla fine degli anni cinquanta, psicoanalisti come Adler [43] e Sullivan [44] posero ancora una volta l'accento sulla valenza interpersonale dell'atto suicidario, affermando che esso riflette un insufficiente interesse sociale della persona (il cui inserimento è caratterizzato da un forte contenuto di odio e di ostilità) la quale cerca di aggredire gli altri ferendo se stessa: dall'altra, il pensiero psicoanalitico junghiano – ben rappresentato da Wahl [45] – sottolinea il legame tra condotta suicidaria e desiderio di reincarnazione, espressione della regressione individuale, magica e onnipotente, verso la scelta mistica di una nuova vita.

Tra le analisi più recenti, un cenno particolare meritano le ricerche di due psicoanalisti americani, Wade [46] e Smith [47]. Il contributo di Wade si basa sull'assunzione che il suicidio, soprattutto adolescenziale, venga attuato in quanto atto in grado di portare un temporaneo sollievo da un'esperienza affettiva percepita come dolorosa: per l'adolescente sofferente di uno stato depressivo dovuto a una forzata separazione o oppresso da sentimenti abbandonici, il suicidio può assumere il significato di una più sicura regressione a uno stato simbolico primitivo, rappresentando il mezzo per comporre la scissione ("separazione" è il termine utilizzato da Wade) dall'oggetto parentale da cui si è stati abbandonati.

Il punto essenziale del pensiero di Smith riguarda ancora il legame oggettuale narcisistico: essendo la morte l'estrema possibilità di negazione posseduta dall'Io, il suicidio costituisce un atto che preserva la realizzazione della parte preferita dell'Io (contenuto narcisistico) mentre nega l'oggetto causa di frustrazione e di denigrazione.

L'approccio sistemico e relazionale. Per quanto abbiano conosciuto una indiscutibile e brillante diffusione in ambiente sia clinico sia della psicologia dell'organizzazione, le teorie sistemiche non hanno contribuito più di altre meno note alla ricerca e all'interpretazione teorica delle condotte suicidarie adolescenziali. Uno dei terapeuti della famiglia più citati a questo riguardo è Joseph Richman [48; 49; 50]. Il punto essenziale della sua teoria si basa sull'osservazione che le condotte suicidarie adolescenziali sono spesso in relazione con una serie di indicatori di problemi familiari: conflitti nei ruoli, forte attenuazione nella divisione di essi, legami basati su alleanze disfunzionali, comunicazioni rese criptiche, rigidità e incapacità ad accettare di cambiare o di tollerare una crisi. Tuttavia, come hanno ben evidenziato Trautman e Shaffer [51], la questione centrale è la seguente: è la *famiglia disfunzionante* a indurre una condotta suicidaria tra i suoi giovani componenti o sono i fattori di vulnerabilità individuale che facilitano l'insorgere nel giovane di condotte autoaggressive e nella famiglia un rapido e progressivo deterioramento?

Più convincenti sembrano quei contributi della psicologia sistemica che si sono interessati allo studio delle relazioni tra la *famiglia psicopatogenica* e le condotte giovanili autodistruttive da essa indotte. Alcune teorie hanno descritto il rapporto causale tra il desiderio inconscio dei genitori di eliminare (*kill off* è il termine utilizzato dagli autori) il figlio conflittuale e il passaggio all'atto suicidario (*acting out*) del figlio designato [52], altre hanno sollevato l'ipotesi che il capro espiatorio (ovvero la designazione da parte del sistema familiare "disfunzionante" del soggetto su cui dirigere le proprie relazioni patogeniche) sia a volte indotto a una condotta autolesiva dallo stesso sistema familiare [53]; altre infine, che pur ribadendo l'importanza del legame tra condotta suicidaria e disfunzioni dell'Io o incapacità di interiorizzare, sottolineano che esse vengono messe in atto solo quando rappresentano una risposta dell'adolescente alle inconsce dinamiche di un sistema familiare deteriorato [54].

L'approccio psicologico integrato: il "cubo" di Edwin Shneidman. Potrebbe sembrare fin troppo banale richiamare l'attenzione del lettore, dopo aver illustrato le diverse teorie psicologiche sulle condotte suicidarie, alla necessità di privilegiare una sorta di ecumenica e saggia visione intermedia capace di prendere ciò che di buono ciascun approccio contiene e di scartare quanto si è dimostrato teoricamente o empiricamente più debole. Tuttavia il lettore non si faccia trarre in inganno: uno dei limiti più evidenti della ricerca scientifica sulle condotte suicidarie è costituito dall'eccessiva separatezza tra i diversi campi di studio e tra le diverse scuole di pensiero, anche quando – come nel caso dell'approccio psicologico – esse appartengono a un unico campo investigativo. Non da tutti tale separatezza è ritenuta necessaria, anche se ben pochi sono stati i tentativi concreti per offrire una teoria interpretativa delle condotte suicidarie basata su un approccio integrato. In questi ultimi anni, inoltre, i termini *integrato* o *multidisciplinare* sono stati utilizzati in modo superficiale: nella loro più genuina accezione, essi non vogliono indicare l'opposto di "specificità", del resto assolutamente necessaria in un ambiente scientifico così complesso come quello dello studio del suicidio; al contrario, l'integrazione delle diverse teorie e la multidisciplinarità pongono l'accento sulla necessità di un confronto tra le diverse specificità, senza annullarne o svilirne alcuna.

La necessità dunque di proporre teorie interpretative delle condotte suicidarie basate sugli assunti delle principali correnti di pensiero psicologico è stata avvertita fin dalla fine degli anni sessanta: in *Theory of suicide* [55], divenuto un classico, Faber ipotizza che il suicidio – da lui identificato come "una malattia della speranza" – fosse la risultante di uno stretto intreccio tra influenze sociali (una sub-cultura di tolleranza nei riguardi dell'autosoppressione, la crescita della domanda del nucleo sociale di fornire prestazioni sulla base di capacità individuali) e influenze psicologiche (alterata percezione del tempo futuro).

Una teoria più complessa, che incorpora non solo alcune acquisizioni della psicologia dinamica ma anche alcune nozioni biologiche, è stata avanzata da Baechler [56]. L'ipotesi fondamentale è che l'individuo, sulla base delle proprie funzioni biologiche e delle proprie capacità di apprendimento, tende a sviluppare una modalità reattiva propria in rapporto ad alcune specifiche condizioni ambientali; fondandosi su questo assunto, Baechler ritiene vi siano cinque modalità di base (*strategie*) utilizzabili dall'individuo per risolvere qualsiasi problema esistenziale: quella razionale (cambiare le condizioni oggettive che hanno posto il problema); quella irrazionale (costruire una realtà personale distaccata dalla realtà oggettiva); quella che consiste nel rifiutarsi di stare al gioco abbandonando la realtà (suicidio); quella che prevede di non stare alle regole del gioco (il barare); quella dell'annichilimento (il distruggere la fonte stessa del problema).

Secondo tale teoria, il suicidio tende a essere compiuto in tre situazioni: quando le soluzioni razionali sono troppo esigue; quando il numero e la gravità dei problemi hanno superato la soglia della sopportazione (ovvero la capacità individuale di farvi fronte); quando le capacità vitali dell'individuo sono definitivamente compromesse. Baechler ipotizza dunque (anche se sembra voler fuggire dall'approfondimento del concetto di vulnerabilità individuale, centrale nel dibattito sulla validità delle ipotesi biologiche) che l'individuo tenda all'autolesione solo quando queste caratteristiche biologiche incontrano una delle condizioni citate.

Un contributo concepito con ampia cognizione di causa e vasta visione d'insieme di cui è obbligo far menzione è quello dello psicologo californiano Edwin Shneidman [57], uno dei massimi studiosi viventi di suicidio. L'elemento più innovativo della teoria integrativa di Shneidman è contenuto nella sua ipotesi tridimensionale, nota come *teoria del cubo*. L'autore infatti ipotizza che l'eziologia delle condotte suicidarie sia riconducibile schematicamente alle tre dimensioni di questa figura geometrica che egli ha chiamato, rispettivamente, il dolore, il turbamento e la coazione; ognuna di tali variabili ha un'intensità diversa (da un valore minimo a un valore massimo). Il dolore è descritto come l'esperienza soggettiva di una sofferenza psicologica insopportabile (idiosincraticamente definita dal soggetto): esso può variare da 1 (dolore leggero) a 5 (dolore intollerabile). Il turbamento viene definito come lo stato psicologico generale che contraddistingue una persona disturbata: in questo caso il punteggio varia da 1 (basso turbamento) a 5 (alto turbamento). Dal punto di vista strettamente psicologico, il turbamento consiste in una relativa capacità dell'individuo di controllare gli impulsi, l'agitazione e la tendenza ad agire compulsivamente, l'elemento secondo Shneidman decisivo della letalità dell'atto suicidario. Infine, la coazione è definita come ciò che determina le reazioni psicologiche individuali riguardanti sia i pensieri e i sentimenti che i comportamenti: secondo tale modello interpretativo, la coazione è quindi il risultato dell'influenza sull'individuo dei rapporti sia intrasoggettivi che sociali.

Adottando questa configurazione a cubo si evidenzia, mettendo in connessione i tre punteggi più negativi, un cubetto del suicidio che comprende il massimo del dolore, del turbamento e della coazione, ovvero i fattori di rischio più pericolosi al massimo della loro esponenzialità: Shneidman afferma che nessuno commette un suicidio se non in presenza della combinazione di queste tre componenti interattive. Il suicidio dunque è definibile come "una morte causata dall'intreccio composto dall'esplosione di una energia psichica (intenso stato di stress), da un dolore psichico acuto e dalla sensazione di essere sopraffatti dalla pressione di eventi esterni".

L'approccio genetico e psicobiologico. Non potrei certo concludere questo breve excursus sulle diverse teorie interpretative delle condotte suicidarie senza accennare al contributo delle scienze biologiche, anche se a esse – e soprattutto a quelle psichiatriche – dedicherò molto spazio nei prossimi capitoli. Una delle domande più ricorrenti tra i parenti o gli amici di un giovane che ha tentato di togliersi la vita riguarda l'eventualità che tale comportamento sia indotto da fattori genetici o biologici. Si cerca attraverso questa via il sollievo da una responsabilità che chiunque abbia vissuto a stretto contatto con chi ha tentato il suicidio sente pesantemente sopra di sé: il ridurre un atto così complesso e inquietante a un cromosoma o a un neurotrasmettitore alterati o a una patologia organica ha il senso di delegare pericolose e contaminanti causalità relazionali o sociali vissute spesso come ingiuste e colpevolizzanti.

Forse anche per tali motivi, ma certamente anche grazie agli ingenti finanziamenti che questo settore della ricerca ha ottenuto rispetto a quelli più strettamente legati allo studio degli aspetti dinamici e sociali, le teorie che ipotizzano una causalità delle condotte suicidarie legata a fattori genetici, biologici o psicobiologici rappresentano uno dei rami più prolifici dell'intera produzione scientifica.

Ma esistono sufficienti ragioni per sostenere un'ipotesi genetica della condotta suicidaria? I risultati delle più recenti indagini rimangono interlocutori, anche perché i problemi metodologici insiti in questo tipo di ricerche sono di grande complessità. Gli studi più noti si suddividono in tre filoni d'indagine: quelli che riguardano i gemelli monovulari, gli Amish, il progetto Iowa-500.

Gli studi sui gemelli omozigoti (aventi un identico patrimonio genetico) includono due sottotipi di ricerche: quelle descrittive (che seguono questi soggetti per un lungo periodo di tempo) e quelle che seguono due fratelli separati alla nascita e affidati a famiglie diverse. In questo secondo caso, se non vi fosse disparità nei comportamenti si potrebbe ipotizzare una causalità su base genetica, e non familiare o sociale, alle condotte suicidarie. È evidente che le prime considerazioni critiche di merito (accanto a quelle etiche sull'impostazione generale di queste ricerche) riguardano l'esiguità del numero di soggetti su cui è possibile condurre tale tipo di indagine, il numero delle variabili di confondimento (che possono intervenire durante i primi anni di vita dei soggetti), la modifica dell'ambiente familiare indotta dall'indagine stessa. Al primo sottogruppo appartengono alcune ricerche che hanno prodotto risultati interessanti. In uno degli studi più recenti [58], lo psichiatra americano Alec Roy ha riportato i risultati osservati su 176 coppie di gemelli: in un caso un solo gemello è morto per suicidio, mentre in nove casi il suicidio è stato compiuto da ambedue i gemelli; di queste nove coppie, sette sono risultate appartenere alle 62 coppie di monozigoti. Tale dato comporterebbe un indizio a favore dell'ipotesi di una componente genetica nelle condotte suicidarie.

Le ricerche effettuate sui gemelli adottati rappresentano l'esempio più noto di questo tipo d'indagini. Celebre è lo studio effettuato da Schulsinger e dai suoi collaboratori [59]. Si tratta di uno studio retrospettivo sul registro dei bambini adottati nella città di Copenaghen, tra il 1924 e il 1947: 5483 soggetti, 57 dei quali successivamente morti per suicidio. L'indagine rivelò che 12 dei parenti di primo grado dei suicidi erano morti nello stesso modo, mentre nel gruppo di controllo i familiari suicidi erano stati solo 2. Questi dati, ancorché impressionanti e confermati da indagini compiute successivamente [60; 61], non sono tuttavia in grado di provare con certezza se la causa sia interamente legata a un'anomalia del patrimonio genetico (peraltro mai individuata) o se invece non sia la patologia psichica di cui quei soggetti soffrivano a rappresentare la più probabile ipotesi eziologica (occorre ricordare che tutti i soggetti esaminati erano affetti da diverse forme di patologia depressiva).

Gli studi effettuati sugli Amish – si tratta di una setta religiosa che da secoli proibisce il matrimonio con i non adepti costituendo perciò una popolazione ideale per gli studi genetici – hanno manifestato limiti simili a quelli segnalati dalle ricerche sui gemelli. Nel gruppo di Amish che negli Stati Uniti abitano la contea di Lancaster a sud-est dello stato della Pennsylvania sono stati segnalati 26 suicidi compiuti tra il 1880 e il 1980: anche se i due terzi del campione provenivano da quattro famiglie (il che farebbe pensare a una certa corrispondenza tra condotte suicidarie e corredo cromosomico), il dato più probante emerso dall'indagine è che 24 soggetti risultavano affetti da depressione (in questo caso è stata utilizzata la metodologia dell'autopsia psicologica, il ricorso cioè alle informazioni ricavate da colloqui con parenti e amici) [62].

L'ultimo filone della ricerca sulle ipotesi eziogenetiche del suicidio riguarda lo studio condotto da Tsuang nello stato americano dell'Iowa [63; 64]. L'autore ha seguito i parenti di primo grado di un campione composto da 500 soggetti, 26 dei quali morti per suicidio, scoprendo che tra i parenti dei suicidi il rischio suicidario era tre volte superiore a quello del campione di controllo. Tuttavia anche in questo caso il livello di rischio era sensibilmente più alto tra i soggetti diagnosticati depressi rispetto a chi non manifestava alcun sintomo clinico.

Se le difficoltà metodologiche hanno non solo frenato ma anche reso non sempre convincente la produzione scientifica sulla genetica del suicidio, ben più affermate e consolidate sono le indagini nel campo della psichiatria biologica. Gli studi più promettenti seguono principalmente una linea di ricerca: quella legata al comportamento di uno dei neurotrasmettitori-inibitori cerebrali, la serotonina, e in particolar modo il suo metabolita, l'acido 5-idrossindolacetico, più schematicamente 5-HIAA. In una lunga serie di ricerche, infatti, una minor produzione di serotonina (e quindi anche una minor concentrazione di 5-HIAA) è stata riscontrata nella sostanza cerebrale sia di soggetti morti per suicidio (mediante rilievi *post mortem*) sia in vivo (mediante estrazione di liquido cerebro-spinale); i livelli di tale sostanza si sono rivelati significativamente inferiori nel campione di controllo [65; 66; 67; 68; 69]. Secondo gli autori, i livelli di 5-HIAA sono tanto più bassi quanto più violento è stato il tentativo di suicidio, anzi essi propendono per un'ipotesi più vasta: questo specifico indicatore biologico (il basso livello di 5-HIAA nel liquido cerebro-spinale) non sarebbe correlabile soltanto con la condotta suicidaria ma anche, come confermano alcuni studiosi italiani [70], con una "accresciuta spinta aggressiva generalizzata di cui il suicidio rappresenta semplicemente il caso particolare di un rivolgimento su di sé [...] tale indicatore può essere associato dunque a maggiori livelli di aggressività latente o manifesta e a una minore capacità di controllare atti violenti e impulsivi".

Nonostante la rilevante massa di ricerche e di impegno scientifico profuso in tale specifico settore, i risultati – come hanno recentemente riconosciuto alcuni stimati ricercatori [71] – non sono riusciti a rispondere ad alcune fondamentali questioni. Per esempio, la disfunzione di questi metaboliti cerebrali può essere utilizzata come indicatore di rischio suicidario di per sé o è comunque correlata a una forma psicopatologica presente nell'individuo per cui tale anomalia, piuttosto che indicare direttamente un rischio suicidario, rivela quello correlato a una patologia psichica che può comportare, a sua volta, un'elevata probabilità di condotte autolesive? In altre parole, la domanda non risolta riguarda che cosa effettivamente questi marcatori biologici sono in grado di segnalare. La questione non è certo di poco conto: se fossero capaci di segnalare un comportamento suicidario in sé, tali indicatori potrebbero essere utilizzati in senso preventivo, come segnalatori precoci di una condotta a rischio; se, invece, fossero indissolubilmente legati a una patologia psichica (in questo caso depressiva), questa disfunzione biologica sarebbe interpretabile solo come spia interna di una condizione più spesso riconosciuta per la sua espressione esterna (il sintomo psichico).

Del resto, che le condotte suicidarie siano correlabili con una maggior frequenza di patologia psichica costituisce una nozione nota non solo agli specialisti del settore o agli operatori sanitari in genere, ma anche all'opinione più diffusa. Ma del rapporto tra disagio psichico e suicidio continueremo a parlare diffusamente.

2. I luoghi della disperazione

Epidemiologia delle condotte suicidarie tra gli adolescenti nel mondo

Se prendiamo in considerazione quanto è accaduto in questo secolo, ci si può facilmente accorgere di quanto sia difficile identificare un periodo storico – i primi anni sessanta sono forse la sola e breve eccezione – nel quale il suicidio non abbia colpito pesantemente la nostra società e in cui i fattori di rischio e le possibili concause siano stati meno evidenti: troppo breve è stato, infatti, il tempo nel quale le condizioni economiche e sociali si sono legate a una rinascita di interessi e di valori collettivi capaci di conferire, anche individualmente, speranze per un futuro diverso e migliore.

Sono d'altra parte convinto che, ancor più che rispetto agli adulti, suicidi e tentati suicidi dei giovani possano essere considerati come spie e indicatori delle difficoltà che la nostra società sta attraversando nel suo cammino: non soltanto una misura della qualità della vita, individuale e di relazione, ma anche segnali di una dolorosa percezione del nostro stesso futuro. Ciò nonostante – o forse proprio perché, più o meno inconsciamente, ne siamo consapevoli – siamo portati a ritenere che questo fenomeno interessi solo delimitati periodi storici e aree geografiche circoscritte (per esempio quelle del nord Europa o le metropoli americane). Tale disinformazione è anche alimentata da un interesse episodico e superficiale dei mezzi di comunicazione di massa, così come di buona parte della comunità scientifica.

La sottovalutazione di questo fenomeno è certamente facilitata da alcuni superficiali dati statistici. Se, infatti, si analizza la frequenza del suicidio nelle diverse classi d'età, si può notare che la sua incidenza tende a crescere in modo direttamente proporzionale all'invecchiamento della popolazione:

tra le persone con più di 65 anni i tassi di suicidio sono in media quattro volte superiori a quelli riscontrabili fra i giovani, che rappresentano non più del 5 per cento del fenomeno generale [1].

Sulla base di questi semplici dati si potrebbe dunque ritenere che le condotte suicidarie adolescenziali rappresentino una realtà marginale. Vi è tuttavia un altro modo d'interpretare l'incidenza statistica del fenomeno: la classifica delle cause di morte. Mentre nella maggioranza dei paesi occidentali il suicidio tra gli anziani – nonostante sia, come si è visto, quantitativamente frequente – rappresenta la decima causa di morte, fra i giovani europei di età compresa tra i 15 e 24 anni essa è al terzo posto, superata soltanto dagli incidenti automobilistici, dagli omicidi o dal cancro, secondo i diversi paesi, e negli Stati Uniti raggiunge tra i giovani il primo posto [2]. Ci si può facilmente rendere conto della reale incidenza del fenomeno se si aggiunge che le fonti statistiche non possono che offrirne una stima per difetto: non tengono conto, per esempio, delle morti per overdose da eroina – almeno un terzo delle quali, secondo la stima dell'Organizzazione mondiale della sanità, sono da ritenersi veri e propri suicidi –, né delle cause di morte per ingestione di sostanze tossiche classificate come "indeterminate" o "accidentali", quintuplicate negli ultimi trent'anni negli Stati Uniti e in Gran Bretagna.

Le dimensioni di una tragedia planetaria

A rendere queste considerazioni ancor più allarmanti è l'andamento in continua ascesa di tali valori – soprattutto in alcuni paesi – e la mancanza di idee precise su come arginare o prevenire il fenomeno. Se, infatti, trent'anni fa nei paesi occidentali le condotte suicidarie adolescenziali (intendendo in questo caso non solo le morti per suicidio, ma anche i tentativi) rappresentavano circa un ottavo dell'intero fenomeno suicidario, oggi esse ne costituiscono un quinto.

Gli Stati Uniti sono uno dei paesi più colpiti: fra gli anni cinquanta e gli ottanta l'incidenza del suicidio tra i giovani è triplicata. La classe d'età più fortemente implicata è quella dei "giovani adulti" (20-24 anni) che raggiunge il ragguardevole tasso specifico di 30 per 100.000 [3; 4]; tendenza che non sembra arrestarsi, tanto che l'Istituto centrale di statistica americano prevede che nell'anno 2000 si raggiungerà il valore di 36,3, più del doppio di quello medio riferito alla popolazione generale [5]. La scomposizione di questi dati tra i sessi mostra notevoli differenze: nonostante la crescita dei tassi di suicidio tra i ragazzi [+143%] sia stata, tra il 1960 e il 1981, non molto più evidente di quella registrata tra le ragazze [+125%], il rapporto tra questi valori continua a marcare una netta diseguaglianza (quattro suicidi maschili per ogni suicidio femminile) [4].

Un andamento del tutto simile è stato registrato in Canada dove, alla fine degli anni settanta, il tasso tra i giovani maschi di 10 e 14 anni e tra maschi e femmine di 15-19 anni è risultato essere più di due volte superiore a quello di trent'anni prima [6; 7].

L'analisi della situazione nei paesi europei conferma la gravità del fenomeno, anche se i valori segnalati sono, in genere, più bassi di quelli registrati nel Nordamerica. Come hanno chiaramente illustrato due noti ricercatori, il sociologo inglese Stephen Platt e lo psicologo olandese René Diekstra, nel periodo compreso tra il 1972-73 e il 1983-84, 20 dei 24 paesi esaminati denunciano un incremento dei suicidi tra i giovani: i valori massimi, con incrementi superiori al cento per cento, sono toccati dal Lussemburgo, dall'Irlanda, dalla Norvegia, dal Portogallo e dalla Francia [8; 9].

Tra le donne l'incremento è molto più contenuto e riguarda un minor numero di paesi (17 su 24). Più in particolare, in Gran Bretagna i tassi di suicidio riguardanti sia i ragazzi che le ragazze hanno subito una crescita dagli anni cinquanta alla metà degli anni settanta, si sono stabilizzati per qualche anno e poi, a partire dagli anni ottanta, sono andati nuovamente crescendo; anche in questo paese, per tutto il periodo di tempo considerato, i valori riferiti ai maschi si sono costantemente mantenuti superiori a quelli delle femmine.

Una ulteriore differenza è tra le diverse classi d'età: tra i giovani di 20-24 anni si registrano tassi due volte superiori a chi ha 15-19 anni.

In Italia, l'incremento – misurato agli inizi degli anni settanta e ottanta – non è stato tra i più elevati registrati in Europa: tra i maschi di età compresa tra i 15 e i 24 anni, infatti, la crescita è stata del 33,3 per cento (va detto però che si tratta dell'incremento più significativo rispetto alle altre classi d'età, superato solo dal 40,7 per cento di quella 25-34 anni); tra le femmine è stato del 5 per cento. Ciò che accomuna la situazione italiana a quella degli altri paesi continentali è il fatto che il suicidio rappresenta per i giovani una tra le cause più frequenti di morte: mentre la percentuale delle morti per incidenti stradali diminuisce con l'età, quella dei suicidi cresce fino a rappresentare, nel 1982, circa il 10 per cento dei decessi delle persone fra i 20 e i 29 anni. Per queste ultime il suicidio rappresenta la quarta causa di morte, anzi in questi ultimi anni tendenzialmente la terza, precedendo quella per disturbi cardiocircolatori: nel 1989 i suicidi compiuti da persone con meno di 29 anni sono, infatti, il 12,4 per cento della totalità del fenomeno. Quando invece si esamina l'andamento dei dati in un lasso di tempo più vasto di quello esaminato da Platt e da Diekstra per la comparazione europea, ovvero si considera il periodo compreso tra il 1969 e il 1989, si può notare che, mentre tra i giovanissimi (10-19 anni) si segnala un calo (–24,5%), nelle classi d'età comprese tra i 20 e i 24 anni e tra i 25 e i 29 anni l'aumento è considerevole: rispettivamente del 37 e del 24,5 per cento.

Se questi dati epidemiologici essenziali descrivono la diffusione dell'esito più disperato della paura di vivere degli adolescenti, altrettanto interessanti sono quelli che riguardano il fenomeno meno drammatico, ma non per questo meno inquietante, delle condotte autolesive con esito non fatale: ovvero il tentato suicidio.

Rapporto fra suicidio e tentato suicidio

Le peculiari caratteristiche del tentato suicidio, sia per le notevolissime difficoltà di definizione e di classificazione sia per i problemi metodologici insiti in tale tipo di ricerche epidemiologiche, rendono le indagini estremamente complesse: per avere validità scientifica, esse infatti devono essere ristrette ad aree geograficamente delimitate e durare un periodo di tempo sufficiente perché sia possibile raccogliere dati affidabili e confrontabili. Tuttavia, nonostante tali limiti metodologici, l'obbligo ad allargare la riflessione ai tentati suicidi deriva da una semplice considerazione statistica: ovunque nel mondo, le forme di condotte autolesive tra i giovani sono di gran lunga più numerose dei suicidi riusciti rispetto a quanto avviene tra gli adulti e gli anziani, tra i quali il numero dei tentati suicidi è sovrapponibile a quello dei suicidi compiuti.

Come a proposito del suicidio, anche i dati riguardanti i tentati suicidi giovanili segnalano, in questi ultimi vent'anni, una notevole crescita. L'incremento, valutabile – secondo i diversi paesi – intorno al 60 per cento, ha reso tale fenomeno una vera e propria emergenza sanitaria: negli Stati Uniti esso è la causa di circa il 10 per cento tra tutti i ricoveri d'urgenza nei pronto soccorso e, secondo un'indagine svolta nell'area della città di New York, di oltre un terzo dei ricoveri nei reparti pediatrici [10; 11; 12, 13; 14].

A differenza di quanto avviene per i suicidi, la distribuzione fra i sessi del tentato suicidio – pur variando secondo le popolazioni studiate – privilegia tristemente le donne: per ogni 100 tentativi di suicidio compiuti da adolescenti maschi, infatti, le femmine ne compiono da un minimo di 140 a un massimo di 250 [15]. Questa diversità tende comunque a diminuire con l'avanzare dell'età, fino a una inversione del rapporto nella popolazione adulta e anziana.

La Gran Bretagna è uno dei pochi paesi dove, a partire dagli anni sessanta, ripetuti studi hanno permesso di ottenere una stima realistica dell'incidenza del tentato suicidio tra i giovani. In una ricerca coordinata da Norman Kreitman a Edimburgo è risultato che tra gli anni sessanta e settanta la crescita dei tentati suicidi compiuti da giovani con meno di 19 anni è stata notevole: tra le ragazze si è registrato un aumento di oltre il 250 per cento fino, a metà degli anni settanta, a raggiungere il valore davvero enorme di 1 tentato suicidio ogni 100 ragazze tra i 15 e i 19 anni [16]. Negli anni immediatamente successivi, due noti ricercatori dell'Università di Oxford, Hawton e Goldacre, hanno confermato, anche se con valori più modesti, i risultati registrati in Scozia; questi studiosi hanno infatti seguito per sei anni l'andamento dei tentati suicidi di giovani tra i 15 e i 24 anni evidenziando tassi di 260 per 100.000 fra i maschi, mentre tra le donne tale valore è risultato tre volte superiore [17]. Tale indagine ha inoltre permesso di verificare che nella seconda metà degli anni settanta la crescita del numero di tentati suicidi compiuti da giovani ha subìto un rallentamento rispetto a quella registrata da Kreitman: tra il 1975 e il 1979, infatti, l'aumento dei tassi tra i giovanissimi (età 12-15 anni) è stato del 35 per cento, del 23 per cento quello riguardante i giovani tra i 16 e i 20 anni.

Un quadro più aggiornato e completo dell'epidemiologia del tentato suicidio in Europa è stato recentemente reso possibile da uno studio multicentrico coordinato dall'Oms cui partecipano 14 centri appartenenti a 12 paesi del continente. Uno degli obiettivi primari di questo studio (iniziato nel 1987 e tuttora in corso) è proprio la risposta alla necessità di raccogliere secondo una modalità omogenea i dati riferiti a piccole aree geografiche (città o province) e di confrontarli nel tempo. Dai primi risultati è tuttavia emersa qualche interessante sorpresa [18]: non ovunque i tassi riferiti ai più giovani (15-24 anni) sono sempre più elevati di quelli registrati tra le classi d'età superiori: sia in Italia (l'indagine si sta svolgendo nelle città di Ferrara, Reggio Emilia e Padova) sia in Svezia, Norvegia e Finlandia, nella classe compresa tra i 25 e i 34 anni i valori si sono dimostrati più elevati tra i maschi e tra le femmine. Inoltre, anche la regola secondo la quale l'incidenza del fenomeno è superiore tra le giovani donne rispetto ai giovani uomini ha trovato qualche eccezione: in Spagna e in Finlandia i valori sono più alti tra i maschi; in Ungheria, in Svezia e in Olanda la differenza "a favore" delle donne è minima. Una conferma, invece, scaturisce dalla distribuzione geografica dell'entità dei valori registrati: mentre nel centro e nel nord d'Europa i tassi sono i più alti (763 tentati suicidi per ogni 100.000 giovani donne in Francia, 406 in Ungheria, 399 in Finlandia e 355 in Danimarca), nel sud vengono registrati i più bassi (153 in Emilia Romagna, 129 a Padova, 112 in Spagna). Del tutto analoga si è dimostrata la realtà del tentato suicidio maschile.

Piuttosto che rincorrere una improbabile completa affidabilità della stima del fenomeno su popolazioni estese, molti ricercatori si sono dedicati allo studio di una popolazione giovanile ritenuta più a rischio: quelle persone che gli inglesi chiamano i *repeaters*, ovvero coloro che hanno già tentato di togliersi la vita. Infatti, come verrà detto a proposito dei fattori predisponenti, viene generalmente stimato che circa il 30-40 per cento di chi tenta il suicidio lo aveva precedentemente tentato almeno un'altra volta, così come sappiamo che 10 persone su 100 che hanno tentato di uccidersi moriranno di suicidio nei successivi dieci anni.

Per quanto riguarda i giovani, la stima percentuale di chi ha precedenti tentativi di suicidio risulta assai più variabile rispetto a quella riguardante l'età adulta: secondo i diversi autori, essa va da un minimo dell'8 a un massimo del 62 per cento tra chi ha meno di 24 anni [19; 20]. L'interesse per questo tipo di ricerche nasce dunque dalla consapevolezza che, soprattutto tra gli adolescenti, l'aumento dei tentati suicidi comporta, in un periodo di tempo relativamente breve, una crescita del numero dei suicidi riusciti [21]. Interessarsi specificamente di questa particolare popolazione può significare dunque porre le basi per un'azione preventiva rispetto ad almeno una componente del fenomeno.

Tuttavia, quando si affronta l'argomento della prevenzione in ambito suicidario giovanile, occorre tener presente che non solo è importante prendere in considerazione la popolazione dei *repeaters*, ma che è anche indispensabile porre la massima attenzione a ciò che può – e nel caso degli adolescenti accade molto spesso – precedere il tentativo di suicidio: l'ideazione suicidaria. Numerose ricerche infatti concordano nell'affermare che da un minimo di 3 a un massimo di 7 adolescenti con problemi psichici su 10 ammettono di avere avuto idee suicide nell'anno precedente il colloquio psichiatrico [22; 23]. L'ideazione suicidaria, il tentato suicidio e il suicidio mancato possono dunque essere considerati – in alcuni casi – come momenti di un *continuum* che può portare l'adolescente alla morte se non si è in grado di intervenire spezzando questa catena.

L'importanza delle ricerche epidemiologiche non risiede quindi soltanto nel misurare quantitativamente la diffusione del fenomeno, ma anche nel permettere di descrivere le variabili sociali e demografiche che possono costituire la premessa per la costruzione delle mappe di rischio, ovvero le caratteristiche più rappresentative di quei giovani che hanno idee suicidarie, che hanno tentato di togliersi la vita o che ci sono riusciti. Vediamo dunque le più frequenti.

Variabili socio-demografiche che influenzano le condotte suicidarie giovanili

Sesso. Come è stato già detto, il suicidio attuato dai giovani, non diversamente da quanto avviene tra gli adulti, è assai più frequente tra i maschi piuttosto che tra le ragazze (in ragione di 2-3 a 1), mentre la distribuzione tra i sessi del tentato suicidio è, nonostante alcune eccezioni, opposta (in questo caso, il rapporto femmine/maschi è meno marcato: da 1,5-2 a 1). Tali differenze tendono tuttavia a sfumare quanto più ci si avvicina ai limiti inferiore e superiore delle età prese in esame, ovvero sotto i 14 anni e verso i 30 anni (molti studi concordano nell'indicare che per le ragazze l'età critica è quella compresa tra i 17 e i 18 anni, superata la quale i valori si mantengono costanti, per decrescere dopo i 35 anni) [24].

Fattori razziali e classi sociali. Oltre a costituire una prerogativa del sesso maschile, il suicidio giovanile assume forme differenti secondo l'appartenenza etnica e sociale. Infatti, dalle ricerche effettuate negli Stati Uniti risulta che maschi e femmine bianchi con meno di 19 anni si suicidano con frequenza doppia rispetto ai coetanei neri o ispano-americani [25]; questo dato tuttavia si inverte quando si superano i 20 anni [26].

La spiegazione non è semplice: da un lato esso sembra dimostrare che fattori sociali come miseria, disoccupazione, alcolismo giocano un ruolo non definitivo nella diffusione del fenomeno tra i più giovani, dall'altro che la rete di aggregazione sociale, assai più fitta fra la gente di colore, può costituire la vera discriminante tra adolescenti e giovani adulti. Ciò è provato dalla minor diffusione del suicidio fra i giovani bianchi delle regioni del Sud degli Stati Uniti e delle zone rurali, dove la rete di supporto sociale è, ancor oggi, molto più consistente rispetto alla realtà metropolitana [27]. Queste considerazioni stanno diventando di drammatica attualità anche per i paesi dell'Europa meridionale a seguito dell'immigrazione di massa da parte delle popolazioni (soprattutto giovani maschi) del Nordafrica; si tratta di popolazioni nelle quali le condotte suicidarie – specie tra quelle di fede musulmana – sono assai rare: occorrerebbe quindi verificare quanto la "contaminazione" occidentale possa influire su questo tipo di comportamento o se siano le condizioni di emarginazione sociale in cui versano a comportare un aumento del rischio suicidario. Se quest'ultima ipotesi fosse confermata da ricerche empiriche, vorrebbe dire che i fattori razziali hanno senso, socialmente e culturalmente, solo nel loro contesto naturale e che quando vengono costretti a confrontarsi con ambienti diversi e ostili perdono gran parte del loro effetto protettivo.

Anche per quanto riguarda la classe sociale, i risultati emersi dalle ricerche epidemiologiche non sono univoci e rimandano a un esame più approfondito del contesto socioculturale e familiare.

La destrutturazione del contesto sociale e culturale può giocare quindi un ruolo più determinante rispetto ai classici indicatori socio-demografici: ciò è ulteriormente esemplificato dalle ricerche su un gruppo etnico che da decenni è al centro di un massacro culturale oltre che fisico: gli indiani d'America. Tra i loro giovani, cresciuti ormai da generazioni nelle città canadesi o statunitensi, il tasso di suicidio è infatti cinque volte superiore a quello dei coetanei bianchi [28; 29]. D'altra parte anche in Europa si è potuto verificare che la combinazione tra destrutturazione del contesto di vita e classe sociale di provenienza può spiegare gli elevati tassi di condotte suicidarie segnalati nei quartieri periferici di molte metropoli.

Stato civile. Mentre per gli adulti il suicidio è assai più frequente tra i "single" rispetto ai coniugati, per i giovani avviene l'esatto contrario, anche se la condizione di coniugato è, data l'età, ovviamente più rara [30]. Questo dato è probabilmente correlabile al fatto che spesso fra i giovani il matrimonio può rappresentare una fuga obbligata da un ambiente infelice o una decisione forzata da una gravidanza indesiderata: in ambedue i casi l'unione matrimoniale non realizza certo l'istanza di autonomia che spesso un adolescente sogna [31]. Queste considerazioni sono del resto confermate dai risultati di alcune ricerche che indicano in quello delle giovani madri il gruppo in assoluto a più alto rischio suicidario tra le giovani donne [32].

Anche se in questi ultimi anni è la *condizione lavorativa* a determinare sempre più il futuro e la qualità della vita dei giovani, purtroppo poche ricerche hanno studiato l'eventuale intreccio delle condotte suicidarie con tale variabile. Da queste comunque risulta che, mentre tra gli adulti sembra emergere una correlazione positiva tra disoccupazione e suicidio [33; 34; 35], tra i giovani in cerca di prima occupazione l'incidenza è più bassa, anche se in continuo aumento [36]. Evidentemente la stigmatizzazione sociale, fattore psicologico di primaria importanza nel meccanismo di costruzione della propria autostima, agisce nei confronti dei giovani in maniera meno pesante e con conseguenze quindi attenuate [37].

Un'ultima considerazione riguarda la presenza di *eventi traumatici* nella vita della persona che tenta il suicidio o lo attua; si tratta di un fenomeno che in Italia solo recentemente è stato messo in luce con la necessaria importanza ma che ha invece, come dimostrano molte ricerche straniere, una notevole influenza sui livelli di autostima e di considerazione di sé e dunque può indurre successivamente una condotta autolesionistica. All'inizio degli anni sessanta, Bergstrand e Otto avevano osservato che un alto numero di giovani suicidi proveniva da famiglie di basso livello economico, dove si erano registrati frequenti episodi di violenza [38]. Questi risultati sono stati più recentemente contestati sia da White [39] che da Hawton [40], i quali hanno sostenuto che non è la collocazione sociale delle famiglie dei giovani che tentano il suicidio a rappresentare la variabile più correlata (in quanto è del tutto sovrapponibile a quella della popolazione generale), quanto piuttosto la possibilità di ritrovare o meno eventi traumatici (violenze fisiche o psichiche, stupri) nella loro storia di vita.

Infatti, al di là dell'interpretazione sul ruolo delle classi sociali, tutti i ricercatori concordano nel ritenere che *l'influenza della famiglia* sia fondamentale nell'indurre la condotta suicidaria di un adolescente. A tale riguardo è interessante quanto emerge da un'indagine svolta in Olanda, secondo la quale esisterebbe una correlazione positiva fra il suicidio dei giovani e le *violenze sessuali* subite nell'infanzia. Il 70 per cento delle ragazze che hanno tentato il suicidio avevano infatti precedentemente subito un abuso sessuale da parte del padre o di un parente [41]. Sia Adams-Tucker che la Pfeffer hanno studiato la relazione tra la condotta suicidaria di un gruppo di giovani sotto i 15 anni e l'incidenza di una esperienza incestuosa precedente, rilevando che questo trauma era stato subito dalla maggioranza dei bambini e aveva portato con sé, oltre a una spiccata ideazione suicidaria, anche una sequela sintomatologica psichiatrica incentrata su uno stato depressivo, disturbi del sonno e disturbi psicosomatici [42; 43].

Un'ulteriore conferma che gli *episodi di violenza* subiti nell'adolescenza possano fornire utili elementi predittivi per il suicidio nell'età adulta è fornita dai risultati delle ricerche di Roberts e Hawton, i quali hanno ulteriormente messo in luce lo stretto rapporto fra la violenza fisica subita e l'instaurarsi, anche a distanza di anni, di una spiccata tendenza alla condotta suicidaria: oltre il 20 per cento dei giovani suicidi studiati aveva subito gravi violenze durante l'infanzia, mentre il 3-5 per cento dei genitori che le avevano usate sui propri figli avevano successivamente tentato di uccidersi [44]. Ad analoghe conclusioni è giunto anche un gruppo di psicologi italiani coordinato da Gian Vittorio Caprara [45]. Questi ricercatori hanno studiato le caratteristiche di tre gruppi di giovani tra i 18 e i 30 anni che avevano tentato un suicidio: al primo gruppo apparteneva chi non aveva mai tentato precedentemente di uccidersi, al secondo chi lo aveva tentato almeno una volta negli ultimi due anni, al terzo tutti quelli con una diagnosi di schizofrenia. Gli ultimi due gruppi si sono rivelati aver subito un "carico familiare" negativo o pesanti esperienze scolastiche e interpersonali.

Le condotte suicidarie fra gli studenti

Parlando delle condotte suicidarie tra i giovani, una grande importanza va attribuita alla condizione di studente, in quanto ritenuta da molti ricercatori potenzialmente esposta a rischio di condotte autolesive. Le indagini condotte nei college inglesi di Oxford e di Cambridge [46; 47] dimostrano infatti che il tasso di suicidio è notevolmente superiore rispetto a quello di chi non frequenta l'università: tra gli studenti sono stati rilevati 10 suicidi per 100.000, 13 tra le studentesse; tra i coetanei non studenti i tassi erano rispettivamente il 5,1 e il 2,6. Come si può vedere, tra le studentesse l'incidenza del suicidio sembra essere significativamente più alta rispetto alle coetanee non studenti. Questo preoccupante fenomeno sembra essersi ridotto dopo l'introduzione nelle due università esaminate di un apposito servizio di *counseling* [48]: ciò conferma l'ipotesi di una correlazione positiva tra condotte suicidarie, eventi stressanti legati alla carriera scolastica e fragilità psicologica, tipica della prima maturità e oggigiorno ancor più acuita dalle incerte prospettive di lavoro e di una adeguata collocazione professionale.

Tali ipotesi sembrano in parte confermate dai risultati di alcune ricerche che hanno messo in evidenza come gli studenti delle università inglesi ricorrano al suicidio più frequentemente dei loro colleghi americani di Yale e Harvard [49; 50]: la spiegazione è stata spesso attribuita alla diversità tra i due sistemi di accesso i quali, là dove sono più severi (come negli Stati Uniti), riducono la possibilità di iscrizione a persone di condizioni economiche, sociali e probabilmente anche psicologiche sfavorevoli. L'interpretazione, proposta da Hawton [51], non mi sembra però troppo convincente in quanto, se l'essere riusciti ad accedere ai corsi universitari può rappresentare una sorta di appagamento e di conferma sociale, una severa selezione dovrebbe provocare un aumento di suicidi fra i candidati scartati: tale fenomeno non è però stato indagato dalle ricerche citate.

Del resto, non tutti gli autori concordano nel ritenere la condizione dello studente come particolarmente a rischio di suicidio. Platt, in una recente indagine condotta su una popolazione di studenti delle scuole superiori di Edimburgo, non ha riscontrato differenze significative né nel numero di suicidi né in quello dei tentati suicidi rispetto a un gruppo di controllo [52]. Secondo questo ricercatore è importante individuare alcune caratteristiche che distinguono, invece, i due gruppi di giovani presi in esame: fra gli studenti, l'assenza di particolari eventi precipitanti nella vita di chi si era suicidato era più che doppia rispetto ai non studenti, i quali denunciavano a loro volta una percentuale assai più alta di precedenti tentati suicidi nelle proprie famiglie ed erano stati assai più frequentemente oggetto di violenze. Inoltre, i suicidi degli studenti sembrano essere correlabili con una cattiva condotta e con una bassa frequenza scolastica: un quarto degli adolescenti suicidi esaminati in una ricerca svolta in California aveva infatti una lunga storia di assenze scolastiche e di scarso profitto [53; 54].

Queste ultime considerazioni inducono ad affrontare uno dei punti più controversi nella discussione sul suicidio dei giovani: la relazione con quella caratteristica personalità giovanile che gli anglossassoni chiamano *antisociale*. Il *disturbo antisociale di personalità*, che rientra – secondo il *Manuale diagnostico e statistico dei disturbi mentali* (*DSM III*) – tra i disturbi della personalità, richiede come criterio diagnostico inclusivo la presenza di elementi come assenze da scuola, atti di vandalismo, comportamento menzognero, furti, voti scolastici marcatamente al di sotto della media [55]. Tale diagnosi è stata spesso criticata, in quanto tende a oggettivare e a stigmatizzare un comportamento personale di rifiuto all'adattamento sociale, sottovalutando le contraddizioni e le diseguaglianze socioeconomiche che lo possono determinare. La relazione tra suicidio e comportamento "antisociale" sembra essere quindi, allo stato attuale della discussione scientifica, assai confusa e confondente e sembra escogitata apposta per dare conferma alle ipotesi fornite da chi tenta di interpretare attraverso un cieco e superficiale riduzionismo biologico – in questo caso psicobiologico – qualsivoglia comportamento deviante.

Al di là delle *querelles* sulle questioni diagnostiche o sulla centralità della causalità psicobiologica, ciò che può utilmente introdurre il discorso sull'interpretazione delle condotte suicidarie adolescenziali mi sembra piuttosto legato alla ricerca dei fattori predisponenti e precipitanti, soprattutto per una loro possibile utilizzazione in campo sia preventivo sia clinico e assistenziale.

Fattori predisponenti e fattori precipitanti

Come è stato sopra accennato, fra i giovani uno dei *fattori predisponenti* più importanti è rappresentato dai *precedenti tentativi di suicidio* [56; 57]. Purtroppo però poche ricerche sono state condotte per determinare con maggior certezza il grado del rischio di morte per suicidio cui sono esposti gli adolescenti che abbiano tentato di togliersi la vita: secondo un'indagine svolta in Svezia, su 1547 di loro il 4,3 per cento si è ucciso in un periodo di tempo compreso tra i 10 e i 15 anni successivi al primo tentativo [58]. Più in generale, la maggioranza dei ricercatori sostiene che il 40-60 per cento dei giovani suicidi ha tentato almeno un'altra volta di uccidersi; se traduciamo questo dato in termini di rischio, si può affermare che circa l'1,5 per cento dei giovani che tentano di suicidarsi vi riesce entro dodici mesi da quel tentativo [59].

Un'attenzione particolare è stata dedicata all'*ambiente fa-*

miliare. Infatti, così come l'*integrità del nucleo familiare* può costituire un elemento protettivo nei confronti del fenomeno del suicidio degli adolescenti, la sua fragilità rappresenta, al contrario, un sicuro elemento di rischio: come hanno affermato Dorpat, Jackson e Ripley, il divorzio o la separazione dei genitori o la morte di uno di questi sono presenti nella storia del 50 per cento dei giovani suicidi [60]. Una percentuale leggermente inferiore è emersa in Gran Bretagna, dove una ricerca ha dimostrato che oltre il 20 per cento dei genitori aveva divorziato nei quattro anni precedenti il suicidio di un figlio [61], mentre nella Contea di Sacramento, in California, il dissolvimento di un nucleo familiare era stato vissuto dalla metà dei giovani suicidi sui quali si è svolta l'indagine [62].

Un'ulteriore conferma dell'ipotesi secondo la quale la *rottura precoce dei legami familiari* incide significativamente sul suicidio dei giovani è emersa dallo studio condotto dal sociologo scozzese McAnarney alla fine degli anni settanta [63]. L'autore ha voluto verificare se questo fattore fosse egualmente predisponente in contesti geografici e in culture in cui il ruolo sociale della famiglia è profondamente diverso. L'indagine ha coinvolto gruppi di giovani di città statunitensi, scozzesi, danesi, indiane e africane: i risultati hanno confermato che là dove i rapporti familiari sono più coesi (per esempio nel Sudan) i tassi di suicidio tra i giovani sono più bassi (1 per 100.000), mentre dove l'unità familiare è più fortemente minacciata (India) i valori sono molto superiori (98 per 100.000). Questa ricerca, tuttavia, non prende in considerazione alcune variabili importanti, per esempio quelle culturali e religiose, che potrebbero aver influito sui risultati ottenuti.

Un'altra caratteristica familiare che sembra rappresentare un fattore predisponente è la presenza di *precedenti suicidi o tentati suicidi tra i genitori e i parenti più stretti*: ciò può essere correlabile a una certa familiarità di alcuni disturbi psichiatrici, soprattutto depressivi. Shaffer ha verificato che in oltre il 50 per cento delle famiglie di giovani suicidi vi erano persone con diagnosi di disturbi psichici o di alcolismo cronico [64]. La presenza in famiglia di persone con un'affettività fortemente compromessa può comportare infatti grossi problemi relazionali che finiscono per riguardare prevalentemente gli individui più fragili dal punto di vista psicologico, confermandone o aggravandone il rifiuto e l'esclusione. Vorrei qui ricordare che familiarità non significa per nulla trasmissione genetica. Si tratta infatti di sottolineare un fattore culturale che può portare a una sorta di accettazione, conscia o inconscia, del suicidio come possibile soluzione finale a un problema ritenuto altrimenti insolubile.

Anche se è molto difficile compiere indagini retrospettive sulle caratteristiche della personalità di un giovane suicida (la cosiddetta autopsia psicologica), lo studio della presenza di una *sintomatologia psichiatrica* correlabile e predisponente all'atto suicidario è stato oggetto di interessanti ricerche: i risultati indicano che la presenza di una sintomatologia psichiatrica – soprattutto disturbi emozionali di tipo depressivo, di instabilità emotiva e, in qualche caso, di psicosi – era presente in almeno un terzo dei giovani suicidi e che il 17 per cento di essi era in trattamento presso uno psichiatra [65; 66]. Questi valori sono stati confermati da una serie di ricerche svolte sia negli Stati Uniti che in alcuni paesi asiatici: anche in questo caso infatti il disturbo psichico più comune è risultato essere la depressione (19-23% dei casi) [67; 68].

Si può quindi affermare che tra i giovani suicidi la presenza di malattie psichiche è accertata con una certa frequenza, anche se minore di quella riscontrata tra gli adulti [69]. Naturalmente i dati che emergono da queste ricerche possono variare di molto, essendo spesso diversi e non omologabili i criteri diagnostici adottati.

Tra i giovani che hanno tentato il suicidio, la maggioranza degli autori concorda nel ritenere che l'incidenza delle malattie mentali riguarda un numero di individui inferiore (circa il 20%) a quello riscontrabile nei suicidi; anche in questo caso si tratta di una psicopatologia minore (disturbi di personalità o lievi disturbi depressivi) [70].

L'abuso di alcol e di droghe può costituire un fattore predisponente importante. Molti ricercatori concordano infatti nell'attribuirvi un significato causale, anche se la relazione non è facilmente verificabile. L'assunzione di alcol e di droghe è infatti molto spesso presente nella vita dei giovani suicidi: almeno nel 70 per cento dei casi, secondo Miles [71].

Tuttavia il rapporto fra tossicodipendenza e suicidio non è certo riassumibile nel solo rilievo quantitativo. Sia l'alcolismo sia la dipendenza da stupefacenti sono considerati, con buona ragione, dei suicidi lenti, condotte tipiche di chi, per così dire, non ha fretta di uccidersi, che solo accidentalmente (una dose tagliata, un aggravamento improvviso delle condizioni sanitarie) o quando sono agiti volontariamente possono portare alla morte; è sempre comunque difficile poter stabilire con certezza quando si tratti di un incidente o di una morte voluta: in questi casi ci si deve valere delle affermazioni di eventuali amici che abbiano trascorso con la vittima le ultime ore. Secondo alcune altre fonti, il suicidio fra i tossicodipendenti non è un fenomeno frequente: a New York un'indagine ha dimostrato che la sua incidenza è del 2-3 per cento, mentre diventa doppia per i tossicodipendenti incarcerati [72]. Ciò potrebbe indicare che non è tanto un atteggiamento psicologico favorevole nei confronti della morte a portare un tossicodipendente a togliersi la vita, quanto piuttosto un suo improvviso stato di crisi, come può accadere appunto per una carcerazione.

Non tutti gli autori tuttavia concordano su questa stima: alcune ricerche svolte a Londra segnalano fra i tossicodipendenti tassi di suicidio molto più alti (intorno al 20%) e sostengono che il rischio di togliersi la vita è fra loro 20 volte più alto che fra i coetanei [73; 74]; come ho già avuto modo di ricordare, l'Oms stima che i suicidi veri e propri riguardano almeno una su tre morti per overdose da eroina.

Anche in questo caso, l'interpretazione è complessa; i risultati delle ricerche ripropongono infatti un dilemma ancora aperto. Spesso la personalità di un tossicodipendente è associabile a una esplicita sintomatologia depressiva, a disturbi della personalità e ad altri problemi psicologici e psichiatrici. Alcuni ricercatori hanno pertanto supposto che tale patologia della struttura di personalità possa costituire un fattore di rischio suicidario, secondo altri sono le condizioni sociali (emarginazione, condizione di vita al limite, miseria, disoccupazione) che contribuiscono maggiormente allo sviluppo di quella sintomatologia: il suicidio sarebbe in questo caso conseguenza di un inasprimento delle condizioni di vita e non di un aggravamento della sintomatologia psichiatrica [75; 76; 77].

È comunque importante segnalare che la diffusione delle tossicodipendenze (droga e alcol, anzi – trattandosi di ragazzi – birra) fra i giovani si accompagna non solo all'aumento dei suicidi, ma ancor di più alla crescita dei tentati suicidi: per esempio, il diffondersi dell'alcolismo e dell'uso di alcune categorie di psicofarmaci fra le giovani donne (soprattutto nei paesi nordeuropei) ha fatto raddoppiare nell'ultimo decennio il numero dei loro tentati suicidi [78]. Anche l'interpretazione di questo dato è oggetto di giudizi diversi: alcuni hanno infatti ipotizzato che l'accettazione culturale dello psicofarmaco come risposta taumaturgica a molti dei problemi della nostra vita quotidiana possa essere una premessa a un uso sempre più massiccio che può portare alla fatale overdose. Non è da escludere che al fondo di alcune condotte giovanili a rischio (come potremmo definire molte di quelle che riempiono le pagine di cronaca dei nostri giornali a proposito, per esempio, delle morti del sabato sera) vi possano essere i due fenomeni congiuntamente: l'uso combinato di sostanze tossiche, psicofarmaci – in questo caso quelli psicoattivi eccitanti – e alcol che può dare effetti di euforia (con un calo della capacità di percezione del pericolo) e di abbassamento dell'umore, con improvvisa e pesante sonnolenza.

Se i fattori predisponenti sono in qualche misura enucleabili, ciò non sempre accade riguardo ai *fattori precipitanti*, ovvero a quanto può accadere nelle ore o nei giorni (solitamente si fa riferimento a un massimo di tre giorni) immediatamente precedenti all'atto e che può in qualche modo averne affrettato la decisione. L'idea o il proponimento di suicidarsi è, specialmente tra i giovani, un processo graduale che tende a concretizzarsi a mano a mano che il senso di sfiducia, di disistima o la sensazione che non vi sia più nulla da fare si fanno strada nella psicologia dell'individuo. Tuttavia, a volte, una causa immediata può essere trovata: basti pensare all'esempio già citato degli studenti che si suicidano, o che tentano di farlo, immediatamente dopo una bocciatura scolastica, dopo un rimprovero particolarmente severo da parte di un genitore o di un insegnante vissuti come ingiustificati [79]. L'*insuccesso scolastico* è tanto più correlabile al suicidio quanto più la prova assume il ruolo di una verifica globale dell'individuo e quanto più diviene decisiva per il futuro professionale e sociale del giovane. In Giappone, dove si registra la più alta incidenza del mondo in fatto di suicidi fra gli adolescenti [80], la relazione con la difficoltà e l'importanza dell'esame di ammissione all'università mostra una straordinaria coincidenza temporale (il picco viene registrato in corrispondenza del mese di maggio, cioè quando si tengono gli esami). A conferma di questo dato può essere citato anche quello che riguarda le *sanzioni disciplinari* che rappresentano, secondo una ricerca inglese, un fattore precipitante in un numero elevato di casi [81].

Se si analizzano le frequenze con cui si presentano, si può stilare una graduatoria di importanza che prende in considerazione sia i fattori precipitanti diversificati per i sessi sia l'andamento di queste frequenze negli ultimi anni. In generale, si può affermare che il fattore precipitante più frequente è rappresentato da un *diverbio avuto con il partner o con i genitori* (esso è riscontrabile nel 15 per cento dei suicidi compiuti da adolescenti), seguito dalla *rottura di una relazione amorosa* e da qualcosa che abbia comportato *problemi con la giustizia* (entrambi nel 9 per cento dei casi), mentre la *bocciatura o un altro guaio scolastico* risultano essere associati al suicidio giovanile solo nell'8 per cento dei casi. Le differenze tra i sessi dimostrano che i fattori precipitanti sono assai più frequenti tra i maschi e che tra questi la rottura di un legame sentimentale, i problemi scolastici e i guai con la giustizia sono quelli che ricorrono maggiormente, mentre tra le femmine quello di gran lunga più importante è la *molestia sessuale*. Quest'ultimo fattore sembra essere anche quello in più rapida espansione tra le giovani.

Da tenere in seria considerazione sono anche le *reazioni* drammatiche *alla perdita di un genitore o di una persona cara*, trauma che, soprattutto se avviene in giovane età, può essere frequentemente correlato al suicidio o al tentato suicidio [82]; in questo caso entra in gioco a livello psicologico non solo l'effetto dell'evento negativo di vita, ma anche una sorta di interiorizzazione dell'esperienza di morte.

Più in generale occorre però ricordare che l'importanza dei fattori precipitanti tende a crescere con l'età del soggetto: assumono una fisionomia più chiara quando si riferiscono alla popolazione non più giovanissima, quando cioè emergono i collegamenti con quei fattori predisponenti che generalmente contraddistinguono il mondo degli adulti, come per esempio la perdita di un lavoro o la rottura di un matrimonio o di una lunga e importante relazione affettiva.

Perché il suicidio è in aumento fra i giovani?

Le interpretazioni di questo fenomeno, che – ripeto – le fonti bibliografiche internazionali indicano in crescente aumento in quasi tutti i paesi occidentali, sono complesse e in parte contraddittorie.

Innanzitutto, come ho già avuto modo di dire [83], occorre ricordare che l'adolescenza è quella delicatissima fase dello sviluppo psicofisico durante la quale, per la prima volta nella vita, un individuo non soltanto deve dimostrare di essere capace di affrontare e risolvere i problemi cui è esposto senza l'aiuto della famiglia, ma forma gli strumenti valutativi della propria identità; molte delle crisi o delle difficoltà tipiche di questi anni possono turbare l'equilibrio dello sviluppo, con ripercussioni sulla formazione della struttura della personalità. La rottura o l'incrinarsi di tali meccanismi può creare quella sfiducia nelle proprie capacità, quella visione negativa e pessimistica delle relazioni sociali e quella perdita delle aspettative verso il futuro che costituiscono la premessa psicologica alla formazione di un proponimento suicida.

Inoltre, dal momento che l'incremento dei suicidi fra gli adolescenti si è verificato soprattutto in questi ultimi decenni, sembra logico ricercare la possibile esistenza di una correlazione tra il fenomeno che esaminiamo e le trasformazioni sociali avvenute in questo recente periodo: anzitutto quelle che hanno investito la struttura familiare che si dimostra, a un tempo, indebolita rispetto al ruolo di supporto sociale conferitole dalla società e soverchiata dalla responsabilità di dover sopperire al vuoto di prospettive e di valori che la società stessa non riesce più a produrre e prefigurare. Così oggi l'adolescente si trova, assai più frequentemente che in passato, a dover affrontare le difficoltà di una vita già matura (la ricerca del lavoro, della casa, ecc.) senza l'aiuto di quella rete di supporto che un tempo la famiglia assicurava. Quest'obbligo all'autosufficienza, se da un lato può rafforzare la personalità dell'adolescente e affrettarne la maturazione – qualora riesca a trovare intorno a sé figure parentali surrogate come amici, partner affettivi, leader ideologici o professionali ovvero persone in cui credere –, dall'altro può determinare una sorta di coazione psicologica che imprime un ritmo assolutamente stressante e improprio allo sviluppo e alla crescita psicofisica. Questo ritmo può rompersi alla prima verifica negativa, al primo significativo impatto con un mondo che spesso è ordinato e retto da regole incomprensibili e intraducibili per quello adolescenziale. Questa interpretazione mi sembra particolarmente calzante riguardo all'eccesso delle condotte suicidarie tra le giovani donne: l'obbligo a una accelerata maturazione – con tutto il carico di responsabilità in termini di gestione dei rapporti familiari che ciò comporta – rischia di infrangere e frustrare le aspirazioni legate al nuovo ruolo nella società che la donna è riuscita a conquistarsi in questi ultimi decenni. Coscienze e consapevolezze nuove debbono ancora convivere con le strette regole di un mondo antico ordinato in loro assenza.

Quando parlo di crisi del ruolo familiare nel novero delle diverse forme che possono generare le condotte autolesive degli adolescenti, non mi riferisco tanto a una relazione causa-effetto fra il divorzio o la separazione dei genitori e il desiderio di morte da parte dei figli, quanto piuttosto a un intreccio assai più articolato nel quale lo sfaldamento della rete di supporto familiare (non mi riferisco quindi in questo caso ai figli dei *single parents*) può aprire un periodo di crescita e di sviluppo enormemente più difficile e, per così dire, a rischio, in cui la situazione più complessiva di vita viene percepita come enormemente pesante, insopportabile, senza soluzioni apparenti e in ultima analisi profondamente ingiusta e inutile. Se si analizzano le motivazioni di un tentato suicidio in un adolescente si può notare infatti – come una recente ricerca olandese ha posto in evidenza – che le più comuni riguardano proprio la sua vita di relazione (i problemi con il partner o con i genitori incidono complessivamente in oltre il 50 per cento dei casi) e l'inserimento sociale (solitudine, difficoltà nel costruire contatti sociali) [84].

Una seconda area di ricerca delle possibili cause dell'incremento delle condotte suicidarie fra gli adolescenti riguarda il suo rapporto con la *violenza giovanile*: negli Stati Uniti, per esempio, ambedue i fenomeni sono in preoccupante aumento negli ultimi venti anni [85]. Non penso che vi sia tra questi due fenomeni un rapporto causale, quanto piuttosto una relazione di tipo culturale. Un elemento solo apparentemente secondario può farne comprendere il nesso e la gravità: la vendita di armi ha subìto uno sviluppo parallelo ai suicidi giovanili attuati appunto con questi mezzi. Si tratta di una crescita significativa e costante da almeno due decenni: fra gli anni sessanta e gli ottanta è stata del 25-30 per cento [86; 87]. Se si collega questo dato con quello che indica l'omicidio e il suicidio fra i giovani americani tra le prime cause di morte in assoluto, si può concludere che un rapporto tra i due fenomeni esiste ed è rilevante. Che poi il dato riguardante l'uso delle armi usate per suicidarsi non differisca tra maschi e femmine, fornisce un ulteriore supporto all'ipotesi che sottende un'acquisizione culturale: un mondo sempre più governato dalla legge della violenza e della prevaricazione, in cui giornali, televisione, cinema sono invasi da armi e da eroi sanguinari, non costituisce una terribile suggestione a usare gli stessi mezzi per decidere dell'altrui o del proprio destino?

Come si dirà in seguito anche nel capitolo riguardante il suicidio imitativo, i giovani sono spesso tra i principali acquirenti di quanto viene offerto dal mercato; la pubblicità – forse perché è un mezzo di comunicazione culturalmente più accettato rispetto alle altre generazioni – usa strumenti di persuasione che ormai fanno parte del loro stesso modo di pensare e di agire.

Sono quindi proprio i più giovani i primi a subire le contraddizioni e le antinomie di un mondo sempre meno basato su fondamenti e punti di riferimento etici. Una diversa attitudine culturale nei confronti del suicidio può, più in generale, spiegare la ragione per cui, anche in quei paesi dove prevale una confessione religiosa che lo condanna, vi sia stato un aumento del fenomeno, correlabile quindi a un indebolimento della sua forza di aggregazione; ciò è molto evidente, per esempio, in Irlanda, paese con una lunga e profonda tradizione cattolica, dove la crescita di suicidi fra i giovani si è accompagnata sia a una forte crisi economica (lo spettro della disoccupazione, della sottoccupazione e dell'emigrazione), sia a un indebolimento del rapporto con la chiesa, soprattutto fra gli adolescenti.

In Italia, le recenti trasformazioni culturali e sociali hanno avuto una sensibile ricaduta anche riguardo all'attitudine dei giovani nei confronti del suicidio. Una recente indagine condotta da un Istituto di ricerca di Milano, lo Iard, permette di analizzare questi cambiamenti: è emerso infatti che il 15 per cento dei giovani intervistati ritiene che suicidarsi sia tollerato dalla nostra società, un quarto di loro lo ritiene moralmente ammissibile, anche se pochi (il 3 per cento) arrivano ad ammettere che potrebbe capitare anche a loro [88].

Sembra dunque che in una società come la nostra nella quale così spesso si affermano diritti e così raramente si difendono le condizioni perché essi siano praticamente agibili per tutti, anche la morte di un giovane può diventare espressione di una scelta difesa dagli stessi coetanei, senza peraltro che nessuno si preoccupi di impedire che quell'idea – o quell'incubo – diventi un giorno una tragica realtà.

3. Quando il filo si interrompe

Il servizio psichiatrico e la famiglia di fronte al suicidio[1]

C. – Todd, Todd svegliati!!!
T. – Ah, Charlie... che c' è.
C. – Neil è morto...
T. – Perché l' ha fatto?
C. – Non c'è spiegazione, Tom.
T. – ... è stato suo padre. Lui non ci avrebbe lasciato,
lui non l'avrebbe mai fatto... è stata la famiglia,
è suo padre che l'ha ammazzato.
C. – Non puoi dire così, non esiste una logica!

Qualcuno legge un brano da una poesia del prof. Keatting:
"...andai nei boschi perché volevo vivere
con saggezza e profondità e succhiare
tutto il midollo della vita, sbaragliare
tutto ciò che non era vita!
E non scoprire, in punto di morte,
che non ero vissuto!".

(da *L'attimo fuggente*, regia di P. Weir, 1989)

La storia di Teresa

Ferrara. Nel pomeriggio di ieri una ragazza dell'apparente età di 25 anni, di cui non si conosce ancora l'identità, si è tolta la vita gettandosi dal balcone di un ambulatorio dentistico situato al quinto piano di uno stabile del centro storico della città. Vana è stata la corsa dell'ambulanza verso l'ospedale dove la ragazza è giunta già priva di vita. Sono in corso accertamenti da parte della polizia per chiarire i motivi della tragedia.

Con questo laconico comunicato la sera di un giorno di maggio di qualche anno fa il telegiornale regionale diede la notizia della morte di Teresa.

Teresa era la maggiore di due figlie. Viveva con la madre,

[1] Questo capitolo è stato scritto da Stefano Caracciolo, Paolo Crepet e Angela Tomelli. Gli autori ringraziano sentitamente tutti gli operatori dei servizi psichiatrici di Ferrara, senza il cui apporto la storia di Teresa non avrebbe mai potuto essere ripensata.

casalinga, con il padre, funzionario di una compagnia di assicurazioni, e con la sorella Livia, impiegata.

Era entrata nel "circuito psichiatrico" circa nove anni prima, quando la madre l'aveva accompagnata in uno degli ambulatori della città: da quel momento – con alterne vicende sulle quali ci soffermeremo più avanti – e fino a quel salto nel vuoto, Teresa era rimasta in cura per un grave disturbo psichiatrico, diagnosticato come schizofrenico.

Nella famiglia materna, settentrionale e di nobile origine decaduta, le figure femminili avevano sempre predominato. La nonna era stata una ragazza madre. Qualche anno dopo aver avuto la mamma di Teresa, si era sposata e aveva messo al mondo altre cinque figlie, due delle quali sarebbero a loro volta diventate ragazze madri.

Nella famiglia del padre, di origine meridionale e di più umile estrazione sociale, il clima era diverso: le figure femminili erano rimaste nell'ombra della personalità forte e autoritaria del bisnonno e del nonno, entrambi operai. Il babbo di Teresa sembrava l'unico maschio debole, sottomesso all'autorità del padre prima e della moglie poi.

Nonostante la provenienza sociale così diversa, il matrimonio dei genitori di Teresa era stato voluto da entrambe le famiglie: la giovane e bella donna del nord era stata promessa all'uomo di dieci anni più anziano il quale, emigrato, era riuscito con costanza e tenacia a conquistare un discreto benessere. Dopo un anno era nata Teresa. Il clima familiare però si era fatto ben presto teso: i genitori litigavano spesso anche per i motivi più futili.

Fin da piccola Teresa ha una propensione a inventare storie, in cui è protagonista di mille avventure. Questa fantasia di bambina l'accompagnerà fino all'età adulta: ama scrivere fiabe e racconti di ogni tipo, affronta la vita come se appartenesse a un mondo fantastico che, quando perde i propri contorni immaginari per sfumare e confondersi con la realtà, assume connotazioni persecutorie e angoscianti.

Quando nasce la sorella Livia, Teresa ha quattro anni. Inspiegabilmente, viene tenuta all'oscuro della gravidanza della madre fino al momento del parto. Solo allora il padre le comunica che le sta per nascere una sorellina. Teresa quella notte bagna, dormendo, il proprio letto.

Dal momento della nascita di Livia, tutta l'attenzione della madre è calamitata da questa seconda figlia, peraltro assai cagionevole di salute. Per molti anni Teresa dorme in camera con il padre, l'unico che si prende un po' cura di lei.

Teresa comunque cresce vivace ed estroversa, gioca volentieri con i suoi coetanei, non manifesta alcuna difficoltà nell'inserimento scolastico finché un giorno, durante la quarta elementare, mentre si trova nel giardino della scuola, crede di sentire dei rumori strani, delle voci indistinte che le parlano; spaventata, decide di tenere per sé questo segreto.

Poco tempo dopo però l'episodio si ripete. Mentre il padre sta parlando al telefono, Teresa gli si avvicina e gli chiede di farlo sottovoce perché "ci sono delle persone che ci spiano e che sentono tutto".

Da quel giorno, agli occhi di tutti, Teresa non sarà più una bambina normale. A scuola diventa sempre più silenziosa, introversa, timida, a volte appare spaventata da qualcosa di invisibile. La maestra, preoccupata per questo repentino cambiamento, avverte i genitori: ma mentre la madre non sembra voler attribuire molta importanza a tutto ciò, il padre reagisce con rabbia affermando che "nella sua famiglia non ci sono mai stati malati di mente".

Teresa rimane sola ad ascoltare quelle voci che però, gradualmente, si fanno più rare, fino a scomparire. Quell'anno ottiene, senza apparenti difficoltà, la licenza elementare. Ma il miglioramento è di breve durata. Qualche mese più tardi, le condizioni di Teresa tornano a peggiorare: a seguito del rimprovero di un professore, si mette a urlare e tenta di bere una boccetta di inchiostro dicendo di voler morire.

I genitori questa volta cominciano a preoccuparsi e parlano spesso tra di loro: origliando alla porta, Teresa una volta li sente raccontare alla nonna di una sua probabile malattia.

Dopo il menarca compare sul volto di Teresa un'acne diffusa che, deturpando in modo vistoso la sua pelle, polarizza l'attenzione dei genitori; nonostante le numerose visite dermatologiche e le diverse cure, l'acne persiste per tutta l'adolescenza, rendendola ancor più schiva e solitaria.

A 14 anni, un nuovo episodio palesa ancor più il suo stato di sofferenza. Durante la proiezione di un film, Teresa si identifica con la protagonista, una giovane attrice in cerca di gloria che alle soglie del successo, avendo saputo di essere afflitta da un male incurabile, si toglie la vita. Teresa ne rimane sconvolta e al padre che la vede tornare a casa pallida, sudata e con gli occhi sbarrati, riesce solo a dire "ci sono due Terese dentro di me... ci sono due Terese".

Anche questa volta i genitori minimizzano l'accaduto e non ritengono opportuno accompagnare la ragazza a una visita medica. Quando però, qualche settimana più tardi, Teresa ingerisce un flacone di tintura di iodio trovato nel bagno, i genitori – su consiglio dei medici del pronto soccorso che le prestano le prime cure – le fissano una visita nello studio privato di uno psichiatra, il quale attribuisce il malessere a una crisi adolescenziale fisiologica e consiglia una cura ricostituente.

Superata anche questa crisi, Teresa frequenta il liceo con buoni risultati dimostrando un'intelligenza vivace e attenta. Le sue relazioni con i compagni di scuola e con gli amici sono piuttosto superficiali; il più delle volte preferisce starsene da sola a pensare. Crede di essere troppo brutta per piacere ai ragazzi fino a quando, verso i 18 anni, l'acne le scompare dal viso. Teresa comincia così a dedicare più attenzione alla cura della propria persona e, nonostante il reiterato atteggiamento denigratorio e svalutativo della madre, diventa ben presto una ragazza carina e seducente, attorniata da corteggiatori e ammiratori.

Nel frattempo il suo comportamento in famiglia muta drammaticamente: Teresa diventa ribelle e minacciosa, sempre più spesso è aggressiva con il padre e la sorella. Più volte si allontana da casa per qualche giorno senza far sapere niente di sé.

Questo nuovo e inaspettato cambiamento, accompagnato da esplosioni di rabbia e di aggressività incontenibili, convince i genitori a rivolgersi a un servizio psichiatrico della città. È a questo punto che gli operatori di quel servizio, la cui esperienza noi a vario titolo condividiamo – ed è per questo che da ora in poi diremo noi – incontrano, per la prima volta, Teresa.

È subito evidente che il problema centrale per l'intera famiglia è il comportamento di Teresa: "Non rispetta più le regole, non ubbidisce, è aggressiva, scappa di casa, non ha un lavoro, non ha più voglia di studiare" (ha interrotto gli studi al termine della quarta liceo). La sua presenza in famiglia è vissuta da tutti come disturbante, pericolosa, quasi contaminante: "Non vorrei che mia figlia più piccola potesse risentire di tutto questo...", commenta la madre.

In altre parole, i genitori chiedono allo psichiatra di esercitare quel ruolo di contenimento e di educazione che essi sentono di non riuscire più a svolgere, ormai coinvolti in un vortice di confusione e di ansia, incapaci di cogliere le radici profonde del disagio psichico della figlia, rispetto al quale dimostrano poca consapevolezza.

Teresa, d'altronde, non parla quasi mai con i genitori del suo reale malessere: nei loro confronti appare molto aggressiva e rivendicativa, attribuendo loro la colpa di tutti i suoi fallimenti, né parla delle voci che sente o dei contenuti più angoscianti delle proprie fantasie e dei propri pensieri.

Quando a tratti la sua rabbia si attenua, emergono in tutta la loro devastante potenza i contenuti deliranti: si sente minacciata e perseguitata da nemici invisibili, sente voci che l'apostrofano con aggettivi infamanti e che la guidano nelle azioni. Teresa sembra rendersi conto di questo stato e mostra una sincera preoccupazione per il proprio futuro; oramai chiede insistentemente di essere aiutata.

Obiettivo del primo intervento psichiatrico è la graduale riduzione dei suoi sintomi più dolorosi: evitando nei limiti del possibile il ricovero in ospedale, si tende a ridurre il livello di tensione e di disagio familiare ricercando per Teresa uno spazio protetto al di fuori dalla famiglia. Si cerca anche di aiutare i genitori nel difficile percorso di comprensione e tolleranza del disagio della figlia, con tutte le manifestazioni che a questo si possono accompagnare.

Dopo i primi colloqui di valutazione, il programma terapeutico elaborato dal servizio psichiatrico si orienta su tre punti principali:

a) una terapia farmacologica prescritta e controllata dallo psichiatra, con richiesta ai genitori di collaborare verificandone la corretta assunzione a domicilio;

b) un supporto psicologico individuale, inizialmente quotidiano, poi progressivamente diluito fino a strutturare un incontro settimanale;

c) colloqui settimanali congiunti dello psichiatra e della psicologa con i familiari e Teresa.

Teresa si iscrive a una scuola privata per completare il liceo e trascorre alcune ore della mattina presso il servizio psichiatrico, studiando con il sostegno di un operatore sociale.

Per la prima volta trova uno spazio di ascolto per sé e ha la possibilità di investire le proprie energie in modo più funzionale e positivo; i genitori sembrano sentirsi appoggiati e rassicurati dall'intervento del servizio. Nel corso dei primi mesi la situazione personale e familiare di Teresa appare notevolmente migliorata: la ragazza consegue il diploma liceale, gli incontri con la psicologa e i colloqui con lo psichiatra gradualmente si diradano e la terapia farmacologica viene progressivamente ridotta.

A questo miglioramento sul piano psichico e relazionale segue anche un rinnovato interesse di Teresa per l'altro sesso: si innamora, non corrisposta, di un coetaneo. Vive però questo sentimento, del tutto nuovo per lei, in modo dolorosamente contraddittorio: a volte con grande entusiasmo, altre volte (quando si accorge che la sua passione non è ricambiata) con profonda sofferenza. Quando si sente definitivamente rifiutata decide di dimenticarlo buttandosi in relazioni sentimentali estemporanee e superficiali dalle quali esce per lo più con un grande senso di vuoto, di "schifo e di rabbia nei confronti di se stessa e della sua sessualità".

In questa delicata situazione, Teresa accusa un nuovo peggioramento delle proprie condizioni psichiche: quando apprende che la temporanea assenza dello psichiatra dal quale è in cura è dovuta a congedo matrimoniale, ha una crisi di aggressività in casa che torna a spaventare e a preoccupare i genitori. Nel clima familiare nuovamente turbato, una sera Teresa si chiude nel bagno di casa e con una lametta da barba si provoca numerose ferite a entrambi i polsi.

Di fronte alla nuova emergenza, il rapporto con il servizio psichiatrico viene immediatamente intensificato: i colloqui sia con lei che con i genitori si fanno più frequenti fino a quando, su esplicita richiesta da parte dei familiari e della stessa Teresa, si decide di tentare un suo inserimento lavorativo protetto. L'assistente sociale del servizio viene incaricata di eseguire il progetto.

Da quel giorno e per tutto l'anno seguente vengono fatti diversi tentativi per inserire Teresa in ambienti di lavoro accuratamente selezionati dagli stessi operatori: tutti però falliscono dopo poche settimane non tanto per la scarsa abilità manuale di Teresa, né per le sue difficoltà relazionali, quanto per l'intervento del padre il quale, ogni volta che viene prospettata una nuova soluzione, mostra tutto il suo scetticismo sulle reali capacità della figlia.

Questo atteggiamento oppositivo e polemico del padre emerge con sempre maggior chiarezza anche nei colloqui con i familiari, fino a incrinare il rapporto con gli operatori: i genitori accusano il servizio di non occuparsi abbastanza e in modo adeguato della figlia, di non essere in grado di "trovare soluzioni adatte a lei, di non saperla guidare...".

Di tale clima di sfiducia risente anche Teresa, la quale comincia a non presentarsi regolarmente agli appuntamenti con il servizio, fino a decidere di sospendere il rapporto con noi: su consiglio dei genitori, si rivolgerà a un nuovo terapeuta privato.

Per circa un anno non abbiamo più notizie di lei, fino a quando un giorno viene ricoverata d'urgenza in ospedale per aver ingerito una grande quantità di psicofarmaci. Durante la degenza, Teresa chiede di riprendere il rapporto terapeutico con noi; anche la famiglia si dichiara d'accordo.

Ci racconta di aver interrotto già da alcuni mesi la terapia con lo psichiatra privato; negli ultimi mesi assumeva, con scarso giovamento, solo gli psicofarmaci prescritti dal medico di famiglia. Spiega l'accaduto dicendo: "Non ce la facevo più a tollerare la solitudine e il vuoto... allora ho pensato di annullarmi, ma mia sorella si è accorta delle scatole di farmaci vuote e ha chiamato l'ambulanza...".

Teresa riprende i colloqui sia con un nuovo psichiatra (il precedente, nel frattempo, si era trasferito a un altro servizio), sia con la psicologa, con frequenza settimanale. Vengono ripristinati anche gli incontri estesi a tutta la famiglia, lei compresa.

La situazione sembra di nuovo ricomporsi: Teresa sta meglio e riesce anche a trovare e a portare a termine da sola un lavoro stagionale.

Dopo circa due anni la psicologa, avendo deciso di anticipare il suo pensionamento, comunica la scelta a Teresa e programma in accordo con lei l'interruzione del rapporto terapeutico, diradando le sedute nel corso degli ultimi mesi. Teresa sembra accettare, seppur dolorosamente, questa ennesima separazione: in realtà, quando i colloqui si interrompono definitivamente, rifiuta gli appuntamenti con lo psichiatra che l'ha ancora in cura, assume in modo sempre più discontinuo la terapia farmacologica e ricomincia ad avere rapporti aggressivi in famiglia. Anche le voci tornano in modo sempre più angosciante a riempirle la testa e i loro contenuti deliranti la incalzano oramai giorno e notte. Il ricorso al ricovero psichiatrico diviene inevitabile; del resto, anche la famiglia lo richiede ormai con insistenza.

Teresa rimane ricoverata per cinque mesi, alternando periodi di profonda regressione, che la portano persino a essere coprofaga, a rari momenti di ripresa. Quando le sue condizioni permettono di cominciare a programmare la sua dimissione e il rientro in famiglia, i genitori oppongono un rifiuto, motivato dal disagio a riaccogliere la figlia dopo un periodo così lungo di ospedalizzazione. Le aspettative della famiglia sono comprensibilmente contraddittorie: da un lato chiedono al servizio precise garanzie che Teresa, una volta tornata a casa, non abbia nuove ricadute, dall'altro si domandano se non sia meglio che la figlia resti ancora ricoverata e "protetta da se stessa" fino a quando "non sarà in grado di comportarsi come una persona normale". Teresa, dal canto suo, insiste per essere dimessa e tornare subito a casa.

Tra gli operatori del servizio psichiatrico che negli ultimi anni hanno conosciuto o curato Teresa si anima un dibattito sul che fare che si conclude con la decisione di dimetterla e con la proposta di ricominciare un supporto psicologico a lei e alla famiglia, nella prospettiva di un successivo inserimento di Teresa in una comunità terapeutica della regione.

Essendosi l'ultimo terapeuta distaccato nel frattempo dal Servizio, il progetto viene affidato a una nuova psichiatra (il terzo medico del servizio pubblico, in ordine di tempo, che prende in carico Teresa).

Il rientro di Teresa in famiglia si rivela subito molto problematico: il livello di tolleranza dei genitori si è ulteriormente abbassato e la psichiatra è spesso chiamata a intervenire in situazioni di urgenza per sedare lo scoppio di liti violente.

La ragazza pare accettare di buon grado la proposta dell'inserimento nella comunità terapeutica, anche se continua a fantasticare di soluzioni magiche per i suoi problemi contingenti: sposare un uomo ricco che la porti lontano dalla prigione della sua casa, diventare una grande attrice di prosa...

Questa volta Teresa sembra comunque rispettare con grande precisione la terapia farmacologica somministratale e si presenta puntualmente ai colloqui con la psichiatra; chiede, anzi, di poterli intensificare per ripetere l'esperienza, per lei molto felice, dell'intenso e duraturo rapporto con la psicologa che l'aveva seguita in passato.

Alcuni mesi dopo si profila imminente la concreta possibilità di inserimento in una comunità terapeutica.

Teresa sembra affrontare con decisione i preparativi per il trasferimento e chiede di potersi mettere a posto i denti.

Prima di uscire di casa per recarsi all'appuntamento col dentista, sistema con cura tutte le sue bambole sul letto, saluta calorosamente i genitori, rifiuta gentilmente la proposta della sorella di accompagnarla, dicendo che preferisce andare da sola.

Entrata nella sala d'aspetto, si accomoda su una poltrona e inizia a sfogliare una rivista come per aspettare con pazienza il suo turno. Dopo qualche minuto all'improvviso si alza, apre la finestra del balcone e, senza dire una parola, si getta nel vuoto.

Nessuno riesce a fermarla.

Non è facile scrivere di Teresa, così come non è stato facile parlarne, neppure a distanza di tempo, con chi è entrato in contatto con lei, l'ha conosciuta, le ha voluto bene. Eppure vorremmo che il riproporre la sua storia, l'averla ripensata e scritta, possa servire a rendere più difficile la rimozione di questa vicenda dalla nostra memoria e dalla nostra ragione. Rimuovere un suicidio è del resto comprensibile e forse addirittura inevitabile se non si riesce a collocare quella dolorosa operazione mentale nell'alveo di un progetto positivo e concreto: pensare a cosa ognuno di noi può fare perché ciò non possa accadere più.

Volendo schematizzare, vi sono due modalità alle quali un gruppo di operatori psichiatrici può riferirsi per mettere in pratica tale proponimento e ognuna di esse è indispensabile all'altra: da una parte l'analisi e l'elaborazione – individuale e/o collettiva – di un caso emblematico; dall'altra l'opera di contestualizzazione e, quando possibile, di generalizzazione di una storia esemplare attraverso un'attività di ricerca sul fenomeno del tentato suicidio nella sua dimensione epidemiologica relativa all'area in cui si opera. Della prima modalità e delle sue ripercussioni sugli operatori del servizio e sui familiari parleremo più avanti; qui di seguito faremo qualche accenno alla seconda, utilizzata per verificare se e in che modo un caso può essere usato come paradigma per spiegare un fenomeno più ampio, in cui ambientare le riflessioni relative all'elaborazione del lutto da parte degli operatori e dei familiari.

Intorno a Teresa: il contributo dell'indagine Oms sulle condotte suicidarie in Emilia Romagna

Chi, come operatore sanitario o ricercatore, voglia capire di più riguardo a una storia emblematica come quella di Teresa, sente l'esigenza di conoscere la natura e le dimensioni del fenomeno suicidario nel contesto in cui opera. L'occasione si è presentata agli operatori dei servizi psichiatrici di Ferrara e di Reggio Emilia qualche anno fa quando, nel 1987, essi hanno deciso di costituire uno dei centri della ricerca europea sui comportamenti suicidari proposta e coordinata dall'Organizzazione mondiale della sanità.

L'indagine – in obbedienza a uno degli obiettivi che la stessa Oms si è data nell'ambito del programma "Salute per tutti per l'anno 2000" – si propone di fornire una stima attendibile dell'incidenza dei tentati suicidi nelle quattordici aree europee prescelte, di tracciare le caratteristiche di questa specifica popolazione e di contribuire alla definizione dei fattori di rischio suicidario, ponendo così le basi per una messa a punto di una più efficace strategia preventiva.

I primi anni del lavoro di ricerca hanno portato a risultati che, per quanto preliminari – l'indagine è tuttora in corso – hanno suscitato un notevole interesse sia tra gli operatori dei servizi di salute mentale sia tra gli amministratori pubblici coinvolti. Come è stato messo in evidenza in alcune recenti pubblicazioni [1; 2; 3], per la prima volta in Italia è stato possibile raccogliere in modo continuativo – cioè attraverso una scheda di monitoraggio – alcune fondamentali informazioni riguardanti chiunque venga portato al pronto soccorso di un ospedale generale a seguito di un tentato suicidio. Ciò ha potuto rispondere alla prioritaria esigenza di fornire una stima, attendibile e continuativamente aggiornabile nel tempo, dell'incidenza del tentato suicidio nelle due città investigate.

La tabella 1 illustra i dati riguardanti le persone che hanno tentato di togliersi la vita nel periodo compreso tra il 1989 e il 1992 suddivise per sesso ed età.

Tabella 1. *Valori assoluti e tassi medi annuali per sesso ed età dei tentati suicidi compiuti complessivamente a Ferrara e a Reggio Emilia tra il 1989 e il 1992.*

	Maschi		*Femmine*	
Classi d'età	v.a. *	tasso **	v.a. *	tasso **
> 14	0	0	6	8,2
15-19	12	27,4	47	118,9
20-24	24	45,5	45	94,7
25-29	32	60,6	51	100,7
30-34	27	55,4	47	98,7
35-39	11	24,5	34	75,7
40-44	15	29,6	49	92,5
45-49	14	32,6	22	49,2
50-54	15	31,7	22	43,5
55-59	7	15,4	21	42,0
60-64	5	11,5	28	55,5
65 +	37	33,1	72	42,5
n.r. ***	8	***	7	***
totale	207	38,4	451	68,2

Legenda:
* valori assoluti
** tassi età specifici per 100.000 abitanti
*** non rilevabile

Come è stato detto, questa tabella non si riferisce al numero totale degli eventi, ma a quello delle singole persone che hanno tentato almeno una volta di togliersi la vita. Se invece si fa riferimento al numero degli eventi, ci si può rendere facilmente conto che il valore è notevolmente più elevato: nei quattro anni esaminati, ognuna delle 658 persone che ha tentato di suicidarsi lo ha fatto in media 1,2 volte (il numero complessivo degli eventi è infatti 794).

Questi dati, se messi a confronto con quelli di altri centri europei che collaborano alla stessa indagine [1; 4], dimostrano che anche nel nostro paese il fenomeno ha assunto dimensioni preoccupanti: infatti, contrariamente a quanto si è ritenuto per molti anni, i tassi dei tentati suicidi italiani sono superiori a quelli di molti altri paesi europei, per esempio Olanda e Germania.

Il quadro, ancora provvisorio, emerso dall'indagine Oms ha reso dunque evidente che la storia di Teresa non rappresenta un'eccezione, ma al contrario che la sua drammatica vicenda può essere considerata rappresentativa di un fenomeno ben più vasto e fino a pochi anni fa quasi sconosciuto. Il primo dato, e forse quello più drammatico, comune a tutti i centri europei della ricerca è l'alto tasso registrato tra i giovani, soprattutto tra le ragazze. Infatti, come si può leggere nella tabella sopra riportata, il tasso dei tentati suicidi riferito alle donne tra i 15 e i 19 anni non solo rappresenta il valore più alto in assoluto dell'intera popolazione considerata, ma risulta anche due volte superiore all'incidenza media registrata tra le donne: in altre parole, tra le ragazze il rischio suicidario è due volte superiore a quello corso dalla media della popolazione femminile e quattro volte superiore a quella maschile.

Un secondo elemento della vicenda di Teresa comune a molti altri casi censiti dall'indagine è costituito dalle modalità dell'atto autolesionistico. Come si ricorderà, Teresa aveva ripetutamente cercato la morte prima ingerendo dell'inchiostro, poi tagliandosi le vene e infine inghiottendo una cospicua dose di psicofarmaci. Ebbene, il ricorso a questi metodi rappresenta in assoluto il più frequente: l'ingestione di sostanze solide o liquide (nella stragrande maggioranza psicofarmaci) è nell'82 per cento dei casi il metodo utilizzato dalle donne; il taglio delle vene è il secondo in assoluto, verificandosi in media 9 volte su 100.

Tuttavia, non tutti gli aspetti della storia di Teresa sono altrettanto frequentemente riscontrabili in quella di altre giovani donne considerate nella nostra indagine. Per quanto riguarda le caratteristiche psicopatologiche di chi compie il gesto autolesionistico, il tipo di disturbo di cui Teresa soffriva (la prima diagnosi era stata di schizofrenia) si è rivelato alquanto raro nella nostra casistica (il 3,6 per cento della totalità dei casi): come è ampiamente confermato dai dati sia della letteratura internazionale sia della nostra indagine, sono i disturbi affettivi (soprattutto la depressione nevrotica) a costituire la patologia psichica più frequente tra chi tenta un suicidio (quasi la metà dei nostri casi).

Comunque, al di là di alcune pur significative differenze, l'indagine dell'Oms sta dimostrando un'altra fondamentale questione: storie come quella di Teresa non solo possono essere utilizzate come paradigma per interpretare e capire ciò che è accaduto e potrà accadere a molte sue coetanee che hanno tentato di togliersi la vita, ma dimostrano anche che l'efficacia di qualsiasi intervento si basa, innanzitutto, sull'ottimizzazione della rete dei servizi sociosanitari.

Data la peculiarità della realtà italiana, vediamo le qualità e i limiti di questa esperienza.

Condotte suicidarie e servizi di salute mentale. L'esperienza italiana quindici anni dopo la riforma psichiatrica

Quando si affrontano fenomeni che riguardano un servizio psichiatrico in Italia, occorre precisare la specifica situazione che – anche in rapporto al suicidio – distingue profondamente l'organizzazione della tutela della salute mentale nel nostro paese da quella di gran parte degli altri stati occidentali.

La riforma psichiatrica approvata dal parlamento italiano nel 1978 ha infatti conferito al servizio di salute mentale territoriale – così come quello che opera nell'ospedale generale – compiti nuovi e in gran parte inediti. Non si tratta evidentemente solo di un cambiamento organizzativo, né si può affermare che la riforma abbia mutato solo quantitativamente l'assetto complessivo dell'assistenza, in particolar modo di quella rivolta alla gestione dei problemi relativi all'urgenza in psichiatria.

Il servizio psichiatrico – che nelle diverse realtà regionali prende il nome di Servizio di igiene mentale o di Dipartimento di salute mentale – ovvero l'insieme dei servizi che si occupano della tutela della salute mentale a livello di una Ussl, è quindi deputato a occuparsi di ogni tipo di problematiche psichiatriche, comprese quelle di notevole gravità e complessità per le quali sia necessario o venga richiesto un ricovero ospedaliero o comunque una presa in carico continuativa.

Chi opera in questi servizi, trovandosi dunque a lavorare

costantemente in prima linea e non più nei luoghi lontani e socialmente emarginati dei vecchi manicomi, viene in contatto con ogni tipo di patologia psichica, spesso al suo esordio sintomatologico. La valutazione del rischio suicidario, la prevenzione delle condotte autolesive e il loro trattamento rappresentano quindi alcuni degli aspetti più delicati del nuovo lavoro psichiatrico territoriale e ospedaliero.

All'estero, invece, l'organizzazione assistenziale rivolta alle persone che hanno tentato di togliersi la vita è profondamente diversa: in qualche paese, come in Francia, sono in funzione servizi ospedalieri specifici, in altri si ricorre per lo più ai tradizionali reparti degli ospedali psichiatrici. Se da un lato questo diverso modo di organizzare l'assistenza psichiatrica al tentato suicida può offrire il beneficio della preparazione di un team superspecialistico, dall'altro fa correre il rischio di una eccessiva medicalizzazione o psichiatrizzazione di queste persone, puntando essenzialmente a un trattamento basato su terapie organiche (psicofarmaci) per lo più brevi, terminate le quali il paziente, dimesso dall'ospedale, spesso si trova abbandonato a se stesso.

Sulla base della nostra ormai più che decennale esperienza di psichiatria riformata e riferendoci soprattutto all'esperienza della regione Emilia Romagna, è possibile sintetizzare gli obiettivi che un servizio di salute mentale deve assumere nel campo della prevenzione del suicidio e sottolineare i punti più deboli dell'attuale organizzazione dei nostri servizi.

Obiettivi e limiti organizzativi dei servizi psichiatrici italiani in rapporto al suicidio adolescenziale

Non vi è dubbio che il primo obiettivo che un servizio psichiatrico si deve porre è la prevenzione primaria, intesa come modifica o tendenziale eliminazione di tutti quei fattori causali, determinanti o concorrenti, dei disturbi psichici che possono portare un individuo a cercare la morte. In particolare, il servizio psichiatrico deve occuparsi di indagare e trattare le problematiche familiari che potrebbero esercitare un'influenza negativa sullo sviluppo dell'adolescente, impedendogli/le una adeguata strutturazione del sé, della propria autostima e facilitando la tendenza ad agire i conflitti in senso autoaggressivo.

In questo ambito, la concreta possibilità per un servizio psichiatrico territoriale di stabilire un positivo rapporto con le scuole (per un approfondimento si rimanda alla lettura dell'ultimo capitolo del libro) si è dimostrata decisiva. Sul versante sociosanitario, si è rivelata fondamentale e proficua la collaborazione con i servizi di neuropsichiatria infantile e con i consultori familiari, i presìdi che si occupano più da vicino dei problemi degli adolescenti. Tuttavia, il rapporto con questi servizi, punto strategico di enorme importanza per la prevenzione del suicidio adolescenziale, si è spesso dimostrato complesso e lacunoso: in questi ultimi anni abbiamo infatti potuto verificare che essi rappresentano una sorta di terra di nessuno, una negazione del diritto alla cura e all'assistenza per giovani che, usciti dall'età pediatrica, non hanno ancora raggiunto quella adulta. Trattandosi di un'età particolare e decisiva per la costruzione della personalità futura dell'individuo – la più esposta dunque ai rischi sociali, interpersonali, emozionali – il vuoto venutosi a creare, all'indomani della nascita delle Ussl, tra i servizi di assistenza diretta e di consulenza specialistica per gli adulti e quello dei servizi per l'infanzia ha avuto effetti estremamente negativi e si è spesso trasformato in un gigantesco palleggiamento di responsabilità. È molto spesso a causa di ciò dunque, che non si è intervenuti con criterio e tempismo per diminuire sofferenze e prevenirne tragiche conseguenze.

Tuttavia, non tutto quanto è nato dalla riforma sanitaria (approvata, lo ricordiamo, qualche mese dopo quella psichiatrica) ha avuto effetti negativi sul coordinamento e sull'efficacia dei servizi sociosanitari: di primaria importanza si è dimostrata, per esempio, la collaborazione tra quelli psichiatrici e di medicina di base. La maggior vicinanza tra i due settori è stata fortemente accelerata dalla riforma sanitaria e da quella psichiatrica in particolare e ha comportato una più tempestiva conoscenza di molti disturbi adolescenziali, soprattutto psicologici (anche se ciò non implica necessariamente una miglior capacità di intervento, visto l'enorme ritardo culturale e formativo da cui il settore della medicina di base è ancor oggi afflitto).

Il secondo obiettivo che il servizio psichiatrico riformato si deve porre riguarda la prevenzione secondaria, consistente nella possibilità di cogliere i segnali di un disagio psichico tempestivamente, prima che esso possa provocare un tentativo di suicidio, e nella capacità di formulare un quadro diagnostico con conseguente adeguata strategia di trattamento. Questo significa, prima di tutto, avere capacità e disponibilità all'ascolto dei messaggi che scuola, famiglia e adolescente stesso trasmettono al servizio e, successivamente, saperli decodificare ed essere in grado di fornire risposte adeguate. È evidente che per poter esprimere una tale efficienza un servizio deve essere collocato in un'organizzazione che non presenta i vuoti e le contraddizioni precedentemente denunciati.

Tuttavia neppure una buona organizzazione o un buon coordinamento dei servizi sono di per sé sufficienti a garantire efficacia all'azione preventiva: è fondamentale infatti che l'operatore psichiatrico sia in grado di formulare diagnosi precise del disturbo psichico e di individuare, all'interno di questo inquadramento diagnostico, i segnali di un rischio suicidario sulla base di valutazioni cliniche e/o psicometriche (si veda a questo proposito il prossimo capitolo). L'esigenza di una più specifica formazione dell'operatore psichiatrico è dunque uno tra gli obiettivi più urgenti nell'attuale fase di trasformazione in atto nel nostro paese.

Perché possa essere efficace, un progetto terapeutico sull'adolescente a rischio suicidario richiede l'intervento contemporaneo di varie figure professionali (medici psichiatri, psicologi, assistenti sociali, educatori) e l'utilizzo di risorse differenziate che vanno dal trattamento individuale (farmacologico, psicoterapico, ospedaliero) al lavoro con le famiglie, dalla necessità di progetti riabilitativi con inserimenti in comunità residenziali a programmi di reintegrazione nel contesto sociale di studio o lavorativo. L'insieme di tali aspetti rappresenta l'asse portante di quell'intervento integrato reso oggi possibile dalla nuova organizzazione dei servizi psichiatrici indotta dalla riforma. Troppo spesso, però, la realtà di un servizio psichiatrico non solo deve fare i conti con la carenza di risorse finanziarie e strutturali, ma deve anche sottostare, come è avvenuto nel caso di Teresa, al rapido *turn-over* degli operatori che ostacola o impedisce rapporti stabili e duraturi con gli utenti. La ricerca dolorosa di una propria identità si accompagna spesso in questi pazienti a un antico e recondito timore di essere rifiutati: i cambiamenti di figure significative durante il processo di sviluppo e durante la terapia possono dunque essere vissuti dall'adolescente con profonda angoscia.

Vi è un ultimo aspetto cui vorremmo accennare e che la riforma psichiatrica non ha completamente risolto: riguarda la necessità di strutture terapeutiche riabilitative (comunità terapeutiche, gruppi-appartamento, centri diurni) che per gli adolescenti a rischio suicidario possono rivelarsi fondamentali. La mancata programmazione e realizzazione di tali strutture rende spesso necessaria, come è accaduto per Teresa, una lunga trafila burocratica proprio quando meno si può aspettare. Le affannose e molto spesso infruttuose ricerche di comunità idonee e disponibili ad accogliere l'adolescente rendono ancor più complesso e difficoltoso il lavoro di preparazione del paziente e della sua famiglia a un inserimento spesso lontano e scomodo.

Se dunque sono così rappresentabili le dimensioni epidemiologica e organizzativa della realtà in cui operiamo e facciamo ricerca, questo è anche il contesto, lo sfondo sul quale la storia di Teresa si è consumata.

Torniamo dunque a lei. Riprendiamo quel filo spezzato e parliamo di come quella morte emblematica si è abbattuta tra gli operatori che per tanto tempo avevano seguito Teresa, delle loro reazioni, dei loro sentimenti.

Dopo il suicidio di Teresa: la difficile elaborazione di un lutto collettivo

Le reazioni degli operatori psichiatrici

L'emozione degli operatori del servizio alla notizia, presto diventata certa, che la ragazza suicidatasi era proprio Teresa è comprensibilmente dirompente.

A una iniziale reazione di stupore, confusione e incredulità, segue per tutti gli operatori, in particolare per chi più recentemente si era occupato di Teresa, una fase di affaccendamento reattivo. Ognuno cerca di ottenere ulteriori notizie sulla dinamica dell'accaduto: vuole verificare se la ragazza aveva visto o parlato con qualcuno dei colleghi dell'ambulatorio o dell'ospedale nelle ore precedenti o se la famiglia si era messa in contatto con il servizio, pensa a come informare il primario per fargli un resoconto dettagliato, adempie gli obblighi burocratici, riempie la cartella clinica con le ultime, tristi annotazioni.

Tutto questo darsi da fare, questa agitazione degli operatori sembra quasi voler assumere il senso e lo scopo di un rituale che li protegga dal terribile impatto con la morte, con quella morte: l'acquisizione di dati e di informazioni, l'espletamento delle formalità medico-legali sono dunque gestualità che da un lato tendono a sedare l'angoscia privata e collettiva e dall'altro servono come rassicurazione rispetto al proprio ruolo professionale, ulteriore e necessaria conferma delle proprie capacità.

Man mano però che i giorni passano, tra gli operatori del servizio comincia a serpeggiare una malcelata rabbia che monta fino a quando la tensione e l'irritazione diventano palpabili e si giunge all'aperto scambio di accuse reciproche. Nessuno riesce a esprimere in maniera esplicita tutto il dolore e il senso di fallimento che la morte di Teresa ha provocato in ciascuno... si riesce solo a negarlo a se stessi spostando le responsabilità – vere o immaginarie – sugli altri.

Nessuno, nemmeno la terapeuta che per ultima ha seguito Teresa, trova subito il coraggio di riprendere contatto con la famiglia, temendo forse sia di approfondire una ferita già tanto dolorosa riproponendo la presenza di chi si è occupato della figlia, sia di sentirsi inevitabilmente investito da una carica di rabbia e di rivendicatività per non essere stato capace di evitare quella tragedia.

Qualche giorno più tardi, la psicologa che prima di andare in pensione si era a lungo occupata di Teresa informa il servizio di aver ricevuto una telefonata da parte dei genitori i quali intendevano ringraziarla per quanto aveva fatto per la figlia. Questa notizia contribuisce a turbare ancor più il clima tra gli operatori: in alcuni prevale una reazione di aggressività nei confronti dei genitori di Teresa, non riuscendo a tollerare l'idea di essere stati completamente dimenticati; in altri suscita e acuisce il senso di colpa e di fallimento professionale già diffuso ("a cosa è servito allora darsi tanto da fare?... non avevamo capito nulla di lei e non siamo stati in grado di aiutarla...").

Dopo una lunga discussione, si decide di dedicare alcune ore della riunione di équipe per affrontare insieme non solo il caso di Teresa, ma anche quanto è accaduto tra il servizio e la sua famiglia. Inizialmente non è certamente facile convincere tutti gli operatori della necessità di discutere, in modo strutturato e formalizzato, di quel suicidio e della reazione a esso; ma, superate le prime resistenze e un iniziale senso di confusione e di vergogna, è possibile rielaborare gradualmente gli eventi in termini di pensieri e affetti, cercando di capire non solo quando e dove si poteva aver sbagliato, ma anche cosa fosse successo a Teresa, dentro e fuori di lei.

L'elaborazione di un lutto collettivo compiuta da un'équipe di operatori psichiatrici in rapporto al suicidio di un loro paziente, come quella ora descritta a proposito di Teresa, è stata oggetto di studio di diversi autori che hanno cercato di interpretarne le dinamiche e le possibili evoluzioni e anche noi vorremmo farlo prima di parlare delle reazioni dei familiari alla morte di Teresa. Può dunque essere utile affrontare, seppur brevemente, l'argomento dal punto di vista teorico.

Ogni psichiatra, così come ogni operatore della salute mentale, sa che – come scriveva nel 1959 lo psicoanalista americano James Weiss [5] – il suo rischio professionale più terribile (ma anche quello statisticamente meno improbabile) è il suicidio di un proprio paziente; ciò nonostante, il dibattito sull'approfondimento teorico e di metodo riguardo alle dinamiche individuali e collettive che questo evento scatena è stato finora alquanto sporadico e limitato. Le note che seguono prendono spunto da una delle rare analisi effettuate a partire dal contesto operativo italiano, condotta da un noto psicoterapeuta bolognese, Alberto Merini [6].

Queste riflessioni non fanno riferimento tanto all'analisi delle reazioni che il singolo terapeuta può avere di fronte alla morte volontaria di uno dei suoi pazienti, quanto piuttosto a ciò che può accadere all'interno di un'équipe di operatori psichiatrici e a quali possono essere i meccanismi interni in grado di spiegare e di indurre tali reazioni.

Come si è visto nel paragrafo precedente, i diversi comportamenti e le diverse reazioni dei singoli operatori del servizio psichiatrico alla morte di Teresa miravano inconsciamente a perseguire un obiettivo primario: eliminare, cancellare dalla propria coscienza l'accaduto, l'evento luttuoso. Se dunque questo meccanismo di rimozione collettiva colpisce quasi all'unisono non solo i componenti dei sottogruppi dell'équipe (nel nostro caso i più direttamente coinvolti nella gestione di Teresa), ma il gruppo nella sua totalità, viene spontaneo chiedersi se tali meccanismi collettivi di gestione della colpa abbiano, e in che modo, rapporto con l'organizzazione interna dell'équipe stessa. Naturalmente la risposta è positiva, tanto che Merini suggerisce di distinguere l'organizzazione dell'équipe in tre tipi:

a) l'*organizzazione rigida* (simile al regime autoritario di Woodbury [7], all'organizzazione neurolettica di Racamier [8], al regime da caserma di Kernberg [9]);

b) l'*organizzazione caotica* (simile al regime sociale anarchico di Woodbury e all'organizzazione non strutturata di Kernberg);

c) l'*organizzazione flessibile* (che può corrispondere al regime parlamentare di Woodbury, all'organizzazione democratica di Racamier, all'organizzazione strutturata o amichevole di Kernberg).

L'autore sostiene che non tutti questi tipi di organizzazione permettono di rendere ugualmente visibili le stesse reazioni dinamiche che si verificano all'interno di un'équipe: per esempio, quella rigida ostacola l'emergere delle manifestazioni affettive del gruppo, anzi è proprio costruita come una difesa nei loro confronti. In siffatta organizzazione, avverte Merini, "l'uso del diniego, della rimozione e probabilmente di altre difese ancor più regressive, in sostanza il cancellamento di tutto ciò che concerne il suicidio del paziente, è strutturalmente sollecitato e, di conseguenza, il processo di elaborazione del lutto non è previsto". Possiamo certamente concordare con l'autore sostenendo che questa tipologia d'organizzazione, tipica per esempio di un reparto ospedaliero, facilitando il processo di oggettivazione del paziente (nel senso che esso diviene assimilabile a una diagnosi o al numero del suo letto) attutisce con maggior facilità l'impatto con il suicidio in quanto la perdita è minore di quanto accadrebbe se l'organizzazione avesse preso in carico la persona nella sua totalità (in questo senso possono essere interpretati i tentativi del gruppo di sostituire l'elaborazione del lutto con adempimenti di tipo amministrativo/burocratico).

D'altra parte, non vi è dubbio che sia l'organizzazione caotica che quella flessibile favoriscono, al contrario della rigida, "rapide e intense regressioni verso l'attivazione di operazioni difensive". In questo contesto organizzativo, il senso di colpa persecutoria tende a diffondersi tra tutta l'équipe e la conduce a un progressivo isolamento, in quanto presume che la colpa verrebbe fortemente sanzionata dall'ambiente esterno, nel nostro caso la famiglia o l'amministrazione sanitaria.

È probabile infatti che uno dei comportamenti affiorati tra gli operatori ferraresi a seguito del suicidio di Teresa (l'irrigidimento interno e la contemporanea chiusura dell'équipe verso l'esterno) sia leggibile come un "meccanismo adattivo, un tentativo seppur patologico di mantenere la coesione dell'équipe che, sotto la pressione della violenza inaudita di quel suicidio, avrebbe altrimenti teso alla frammentazione", quindi un istinto di conservazione del gruppo contro l'aggressione esterna procurata dall'evento.

L'analisi di tale meccanismo adattivo, accanto ad atteggiamenti tipicamente regressivi, introduce un altro aspetto apparentemente in contraddizione con quelli descritti: la *dinamica aggressiva*. Abbiamo infatti notato come assai spesso il comportamento violentemente distruttivo di un paziente che tenta il suicidio induca nello staff (in particolare nel terapeuta o nel sottogruppo che più da vicino si fa carico dei suoi problemi) una risposta altrettanto aggressiva e violenta (*aggressività speculare*), tendente a ostacolare un'elaborazione del lutto meno conflittuale. Anche in questo caso si tratta di aspetti riparativi finalizzati a difendere l'équipe dalla distruttività contenuta nel messaggio di morte del suicida: il corto circuito *distruttività-aggressività-distruttività* costituisce, dunque, uno dei pericoli maggiori che si frappongono all'elaborazione collettiva del lutto, in quanto priva gli operatori della possibilità di giungere a una più realistica analisi dei fatti accaduti. Occorre pertanto che tale corto circuito sia interpretato e corretto collettivamente dal gruppo.

La dinamica *distruttività-aggressività-distruttività* determinata da una reiterata condotta autolesiva del paziente porta l'équipe a profonde reazioni espulsive (il sentimento di odio verso questo tipo di patologia comportamentale è molto frequente) e ingenera – nel caso in cui il suicidio venga effettivamente messo in atto – un inconscio sentimento di liberazione e di sollievo: quella morte cercata e realizzata libera il gruppo dallo scacco in cui era tenuto dalla minaccia continua rappresentata dall'autoaggressività del paziente. Non vi è dubbio che la condotta suicidaria è così temuta dall'operatore psichiatrico proprio per la sua imprevedibilità e perché difficilmente rientra nei canoni conoscitivi e classificatori della cultura psichiatrica. In altre parole, il suicidio fa paura all'équipe psichiatrica in quanto atto alieno, estraneo alla stessa grammatica comunicativa del gruppo.

Il profondo *senso di colpa depressiva* che attanaglia l'équipe fin dal momento dell'annuncio dell'avvenuto suicidio conduce, nella rielaborazione del caso, a una ricerca di aspetti riparativi che porta inevitabilmente all'assunzione di un atteggiamento assolutorio.

Qualsiasi tendenza inquisitoria o colpevolizzante ci sembra fuori luogo, ben sapendo quanto sia enormemente difficile saper essere in una situazione quale quella descritta, saper assumere comportamenti utili individualmente e collettivamente. Sono forse comunque opportune, a conclusione di questo paragrafo, due indicazioni che possono aiutare l'équipe a gestire meno distruttivamente un momento così tragico per la vita professionale di tanti operatori psichiatrici:

1. La prima riguarda la *dimensione tempo*. Occorre che l'équipe si dia, si conceda un periodo di tempo sufficiente (da qualche settimana fino qualche mese) per poter elaborare i sentimenti di rabbia, di paura e di dolore che emergono dall'evento. Il tempo può infatti favorire il rifluire del materiale aggressivo (contro-aggressivo) emerso dagli operatori: così come il sentimento di colpa depressiva, anche l'aggressività può diffondersi per contaminazione all'interno di un gruppo. È dunque fondamentale che tale contaminazione possa trovare un tempo d'interpretazione, evitando di scadere in una generale condanna o assoluzione.

2. Il secondo punto riguarda il concetto di *luogo*. L'elaborazione del lutto, dell'aggressività, del senso del dolore, dell'im-

potenza e della disistima hanno bisogno di un luogo per essere agiti e correttamente interpretati: questo luogo è l'équipe. Solo la riunione di gruppo (se ben condotta) può infatti consentire non solo l'interpretazione dell'accaduto, ma anche la ripresa in positivo del lavoro terapeutico, ovvero l'analisi degli errori e dei punti deboli del progetto terapeutico elaborato per quel paziente, la riorganizzazione del lavoro stesso di équipe, il superamento dei vissuti di colpa, di fallimento e di rabbia. Tutto ciò può permettere di rimotivare gli operatori, i quali altrimenti correrebbero il rischio di essere paralizzati dalla prospettiva di trovarsi nuovamente in una situazione analoga.

È chiaro che se l'opera di cancellazione, di negazione dell'evento luttuoso da parte del gruppo tende a lenire, almeno in parte, il dolore e il senso di colpa, non permette all'équipe di analizzare correttamente gli errori contenuti nel programma terapeutico previsto o quelli compiuti nel corso della gestione di tale programma. Ricostruire uno spazio e concedere un tempo alla riflessione può dunque costituire la premessa per una miglior capacità individuale e collettiva di far fronte a eventi negativi. Ciò permette altresì una maggior capacità nel sostenere il confronto con l'ambiente esterno: prima di tutto, soprattutto nel caso del suicidio di un adolescente, con la famiglia della vittima.

Le reazioni dei familiari

Ancor più che per chi ha avuto in cura la persona che si è tolta la vita, per la famiglia il suicidio, soprattutto se compiuto da un adolescente, costituisce un'esperienza emotiva enormemente più devastante di qualsiasi altra causa di morte e ciò non solo per la natura così misteriosa e incomprensibile dell'atto autorepressivo, ma perché il *suicidio è un evento senza tempo* per il quale il lutto e il senso di colpa non hanno mai fine: per i sopravvissuti è una morte inifinitamente prolungata e dunque foriera di altre morti, fisiche o morali. Per quanto efficaci possano essere gli inconsci meccanismi difensivi, dal giorno del suicidio del loro caro, i familiari vivono con la morte dentro.

Analogamente a quanto abbiamo visto per gli operatori psichiatrici, le reazioni dei familiari si esprimono sul piano affettivo e cognitivo prima ancora che sul piano sociale e comportamentale. I sentimenti sono anche in questo caso contraddittori: vanno da una profonda tristezza, che può sfociare nella sensazione di annichilimento, a una rabbia che può condurre a una sorta di ipomaniacalità, caratterizzata da convulsi rituali di lutto o da iperaffaccendamento.

La frequente spiccata tendenza alla negazione dell'accaduto può essere generata sia da un senso di vergogna, sia per i profondi vissuti di colpa che comportano un infinito quanto inutile ricorso all'autorimprovero.

Il processo di negazione e di razionalizzazione assume tre aspetti principali: lo *stupore*, le *recriminazioni nei confronti dell'esterno e la rabbia*. Il primo riguarda l'assoluta incapacità delle figure parentali a cogliere quanto di negativo può essere accaduto nel loro rapporto con il/la figlio/a suicida: si può andare dalla sottostima degli elementi di fragilità e vulnerabilità nella personalità del suicida alla rimozione totale, fino all'amnesia di eventuali precedenti condotte autolesive.

Il secondo aspetto, speculare a questo, riguarda le recriminazioni nei confronti dell'esterno: le figure professionali (medici, psichiatri o altri) che avevano in cura l'adolescente, gli amministratori responsabili dell'organizzazione dei servizi sanitari, gli insegnanti, gli amici.

Il terzo aspetto, aggressivo, è simile a quello descritto a proposito delle reazioni dell'équipe. Non bisogna infatti dimenticare che il suicidio a volte avviene secondo modalità tipicamente ricattatorie nei confronti sia di una figura parentale sia del curante vissuto in questo caso come surrogato familiare; in questo caso la reazione sarà improntata a un cospicuo carico di aggressività, che può essere utilizzato in senso riparativo e assolutorio.

Per le ragioni esposte a proposito delle reazioni dell'équipe e per quelle ora descritte, è evidente che il dialogo tra servizio e famiglia può diventare molto difficile. L'équipe è di fronte a una doppia angoscia, quella dei familiari e quella degli stessi operatori: alcuni autori suggeriscono che lo psichiatra, o un'altra persona appartenente all'équipe curante, dovrebbe immediatamente contattare la famiglia e rendersi disponibile per ascoltarla e rispondere alle domande, rassicurandola che "è stato fatto tutto il possibile" [10]. Nella nostra esperienza abbiamo notato che, quando è stato possibile contattare i familiari e parlare con loro dell'accaduto e di chi non c'era più, questo ha facilitato la detensione emotiva e l'elaborazione del lutto tanto nei familiari quanto nell'équipe.

È importante ricordare che il rapporto tra la famiglia dell'adolescente a rischio suicidario e il servizio psichiatrico che lo ha in cura tende a essere ancor più difficile di quanto già non sia quello relativo a un paziente psichiatrico che non ha mai palesemente manifestato una condotta suicidaria. Infatti le famiglie dei giovani a rischio suicidario addensano in sé problematiche psicologiche e sociali in misura significativamente superiore a quelle di altri pazienti psichiatrici: per esempio, spesso questi adolescenti provengono da famiglie con precedenti suicidi o dalle cosiddette *broken home* (case spezzate, in cui manca – non per morte, ma per separazione – uno dei due genitori e dove l'altro è poco significativo o, al contrario, troppo presente e iperprotettivo). Né possiamo dimenticare che già il contatto stesso con la malattia mentale è di per sé angosciante: rendersi conto che il proprio figlio sta vivendo un momento di disagio tanto profondo da avere bisogno dell'aiuto dello psichiatra è una realtà dolorosa e difficile da accettare che, a volte, si vive con profonda vergogna; quando poi a questo disagio si aggiunge una condotta autolesionistica, l'angoscia si fa terrore.

Altre volte le difficoltà della famiglia nel rapporto con l'équipe possono nascere da un atteggiamento di rifiuto legato a sensazioni di fallimento del proprio ruolo genitoriale ("...non siamo stati dei bravi genitori, dove abbiamo sbagliato?") oppure a timori che il disturbo del figlio si trasformi ineluttabilmente in una forma di pazzia incurabile e contagiosa ("non vorrà mica dire che mio figlio sta perdendo la ragione?... cosa gli succederà da grande se ha cominciato così presto a soffrire?... non sarà pericoloso anche per gli altri figli?") che può portare a forme discriminatorie ed espulsive del membro malato, divenuto una sorta di capro espiatorio di tutti i guai della famiglia. È evidente la pericolosità di queste dinamiche che, se non vengono prontamente interrotte, possono concretizzare le fantasie di morte e accelerarne i tempi di attuazione.

Spesso il rapporto tra servizio psichiatrico e famiglia è viziato dall'atteggiamento con il quale i genitori richiedono aiuto per il giovane in difficoltà: a volte vi può essere una certa disponibilità alla collaborazione, ma spesso si tratta di una delega passiva. Molte di queste famiglie sembrano ritenere di aver esaurito il proprio compito affidando l'adolescente alle cure del servizio. Sentono di avere logorato risorse, capacità di comprendere e di gestire quella crisi adolescenziale, l'insorgere o il riacutizzarsi di quel disturbo psichico; così decidono di delegare allo staff curante non solo i compiti di cura, ma perfino quelli educativi e affettivi.

Sono proprio queste le famiglie che più spesso pretendono che il servizio psichiatrico assolva un ruolo taumaturgico risolvendo in modo tempestivo, esauriente e definitivo i problemi dell'adolescente per poi restituirlo guarito: per questi motivi è molto difficile coinvolgerle nei programmi terapeutici previsti per il loro figlio in quanto, al primo momento di difficoltà o di incomprensione, tendono a rimproverare o ad accusare il servizio di inefficienza, di negligenza, di incapacità professionale.

Fortunatamente non sono rari i casi in cui si trova nei familiari un atteggiamento di collaborazione e di desiderio genuino di comprendere il malessere dei propri figli, senza timore di essere messi in discussione o di affrontare con schiettezza anche problemi o conflitti presenti nell'ambito familiare. In questi casi è sicuramente più semplice e più utile lavorare con i genitori per aiutarli a tollerare la sofferenza, a comprendere l'angoscia e i conflitti che la generano e a modificare l'assetto comunicativo e relazionale con risultati a volte sorprendenti anche rispetto a quei disturbi che hanno portato l'adolescente ad atti autolesionistici.

Altre volte però questo dialogo diventa impossibile per motivi legati non tanto alle dinamiche familiari, quanto a quelle del servizio: il terapeuta o gli operatori possono scontrarsi alternativamente con il paziente o con la famiglia alleandosi ora con l'una ora con l'altro, perdendo di vista quello che invece dovrebbe restare il loro ruolo fondamentale di interlocutori e di responsabili di un intervento terapeutico mirato e integrato. Come abbiamo visto, i motivi che ingenerano tali difficoltà possono essere presenti sia all'interno della famiglia (soprattutto quando essa ha un'organizzazione rigida e gerarchica che resiste al cambiamento e che ostacola l'intervento di agenti esterni, rendendo particolarmente complicato ogni tentativo di modificazione, anche in senso positivo, delle dinamiche relazionali), sia tra gli operatori (atteggiamento precostituito e pregiudiziale eccessivamente colpevolizzante nei confronti della famiglia, imputata di essere l'unica responsabile del disagio dell'adolescente). In quest'ultimo caso gli operatori del servizio psichiatrico possono incorrere nell'errore di fornire solo situazioni alternative al contesto familiare, lasciando quest'ultimo assolutamente inalterato e privo di un aiuto che lo porti a una maggiore comprensione, indispensabile per ogni cambiamento.

Ripensando a Teresa

Torniamo dunque a Teresa. Le angosciose domande che ogni terapeuta si pone di fronte al suicidio di un proprio paziente – "si poteva evitare? In che cosa ho sbagliato?" –, hanno riempito le nostre coscienze e richiamato le nostre responsabilità.

Riguardando la lunga storia del rapporto tra Teresa e il servizio psichiatrico, non si può non notare quanto importante sia stata la *dimensione tempo*, soprattutto nella sua declinazione micro: il tempo delle persone che avevano in gestione Teresa, il tempo delle assenze, quindi le conseguenze di ciò su di lei, sulla famiglia, sugli stessi operatori, sulle relazioni – o sulle mancate relazioni – tra tutti loro.

La *dimensione tempo* implica anche la pressione degli avvenimenti esterni che ha guidato l'intervento, tanto che nelle situazioni più delicate e difficili si è smarrita la lucidità necessaria a intervenire con la dovuta efficacia. Le pressioni ad agire, in particolare quelle sollecitate dalla famiglia, hanno spinto l'équipe a trovare soluzioni rapide per risolvere il problema emergente in quella data occasione, piuttosto che a trovare il tempo per riflettere sulla complessità della situazione.

Il percorso fatto assieme è stato dunque frammentario, spesso gli interventi sono stati diversificati e non sempre sufficientemente integrati. Non a caso le ipotesi formulate e le strategie d'intervento messe in campo rispetto sia a Teresa sia alla sua famiglia hanno coinciso con i momenti in cui era possibile lavorare con lei in modo continuativo e mantenere un dialogo coinvolgente e attivo con la famiglia.

Questo non è stato sempre possibile anche a causa di un elemento fondamentale che ha caratterizzato in negativo il rapporto tra l'équipe e Teresa: l'*avvicendamento* delle persone che si sono prese cura di lei. Risulta evidente, rileggendo la sua storia, quanto ciò abbia inciso negativamente nel processo terapeutico. Teresa, così fragile e insicura, aveva bisogno di appoggi esterni che le consentissero di rinforzare la sua personalità e di tollerare il dolore del rifiuto della famiglia, spesso troppo esplicito per non essere compreso anche da lei. Aveva quindi bisogno – e a suo modo lo chiedeva continuamente – di trovare un terapeuta che, assicurandole una presenza costante, le consentisse lentamente e progressivamente di sperimentare i suoi sentimenti e le sue angosce di abbandono e di morte. Da sola non riusciva ad allontanare il fantasma della morte che era ormai entrato nella sua vita: era una battaglia che Teresa avrebbe voluto combattere con l'aiuto di una persona di cui fidarsi, diversa e lontana dai suoi genitori. Occorrerebbe dunque chiedersi: si è trattato di malasorte, di colpevole dispersione o di inevitabile conseguenza del tempo che passa?

L'*avvicendamento* degli operatori porta a un'altra riflessione: il rapporto tra servizio pubblico e professionisti privati. Nella storia di Teresa emerge con grande chiarezza che si è trattato di una collaborazione difficile e occasionale (in molte realtà italiane è addirittura inesistente) che ha acuito il danno già determinato dall'*avvicendamento* degli operatori del servizio pubblico.

Ma il ripetuto cambiamento della figura terapeutica, anche se determinante nella storia di Teresa, da solo non può spiegare l'accaduto, tanto più che la morte è avvenuta proprio in un momento in cui sembrava che le cose andassero meglio, quando cioè si stava concretizzando la possibilità d'inserimento in una struttura residenziale, in quella famiglia alternativa che lei stessa aveva espressamente voluto. Che cosa l'ha dunque spinta improvvisamente a spiccare quel volo verso il vuoto? Perché proprio allora? Molte le possibili ipotesi.

Teresa ha ubbidito a comandi allucinatori? Si è lasciata guidare, come spesso succede ai pazienti schizofrenici, da voci che la invitavano a morire? Teresa ha voluto annullare con il suo gesto quella profonda distanza che ormai la separava dalle cose reali e dalle persone, troppo spesso così lontane e ostili? Teresa ha voluto punire per sempre chi, secondo lei, non l'aveva ascoltata né amata? Teresa, in un attimo di lucidità impietosa, ha voluto mettere fine al profondo dolore che la solitudine, l'incomprensione e l'incomunicabilità le provocavano ormai da troppo tempo?

Ognuna di queste domande ha un suo senso ma è anche destinata a rimanere senza una risposta definitiva. Noi crediamo che tutte queste motivazioni abbiano avuto un loro peso sull'esito della storia di Teresa.

Dopo una fase di profonda regressione durante il ricovero ospedaliero, Teresa era rientrata in famiglia, sapendo che si sarebbe trattato di una soluzione transitoria in attesa di un altro posto, con altre persone da conoscere, da accettare, dalle quali farsi accettare. Forse Teresa non ce l'ha fatta a tollerare la prospettiva di un ennesimo cambiamento, forse era in un momento ancora più fragile di altri e ha vissuto la nuova proposta esistenzale come un fallimento e non come un possibilità di progresso.

Vi è tuttavia un altro elemento che vorremmo porre all'attenzione del lettore. La malattia (in questo caso la malattia psichica di Teresa) può essere vissuta da chi ne soffre come un asilo in cui rifugiarsi, un riparo dai pericoli della vita sociale percepiti spesso come minacciosi e terribili. L'esperienza di malattia dunque, con il suo corollario assistenziale, può rappresentare una tutela diffusa che assolve alla necessità di trovare un'alleanza a difesa di un diritto tradito, quello di poter convivere con la propria vulnerabilità, di poter accettare la propria diversità. Il terapeuta, le sue cure, il suo tempo dedicato a quella persona proprio quando essa si sente abbandonata costituiscono, da questo punto di vista, un simbolico risarcimento. La fuoriuscita da tutto ciò – la guarigione, la dimissione, il ritorno a casa, il reinserimento sociale e lavorativo (o scolastico), il proseguimento del trattamento in un nuovo setting – rappresenta, al contrario, un momento delicatissimo dell'esistenza del sofferente: un brusco richiamo all'autonomia, un incontro con la realtà esterna che può risultare violento, in quanto non più attutito dalla malattia né ovattato dalla sua tutela. Sono dunque le variabili che potremmo chiamare "extra-cliniche", nel senso che non riguardano direttamente la decodifica diagnostica del disagio, ad avere importanza in questa specifica e determinante circostanza della vita.

Anche questo può aver influito sull'estrema decisione di Teresa, rendendo quel suo temporaneo miglioramento paradossalmente a rischio.

Vorremmo infine accennare all'elemento che accomuna la vicenda di Teresa a quella di altre sue coetanee.

Condotte suicidarie al femminile: negazione di una evidenza?

Nonostante la chiarezza dei dati provenienti dalle ricerche svolte a livello internazionale che concordano nel riconoscere come l'appartenenza al sesso femminile comporti un rischio suicidario più elevato (il che non implica, necessariamente, una maggiore probabilità di morire per suicidio), ben raramente tale evidenza è stata presa in considerazione e interpretata con la dovuta attenzione dagli esperti e dai ricercatori.

Eppure, e la storia di Teresa è da tale punto di vista emblematica, questo fenomeno non è interessante tanto per la sua rilevanza statistico-epidemiologica, bensì in quanto paradigmatico di un più diffuso disagio psicologico che nella nostra società investe le donne, soprattutto le più giovani, in misura estremamente più accentuata degli uomini.

Da molti anni, infatti, diversi indicatori dello stato di benessere psichico segnalano una marcata differenza tra i sessi, costantemente a sfavore di quello femminile: ciò vale, per esempio, per l'incidenza di alcune forme generiche di stress e per alcuni specifici disturbi psichici (come la depressione, due volte più frequente tra le donne, o come la psicosi maniaco-depressiva), per il consumo di psicofarmaci e anche, come si è visto, per le condotte suicidarie (in questo caso, occorre ripeterlo, parliamo solo di tentativi di suicidio, in quanto per il suicidio riuscito la frequenza è maggiore tra i maschi). Naturalmente tali dati non riguardano in misura omogenea l'intera popolazione femminile, ma mettono in evidenza alcuni gruppi a maggior rischio: le adolescenti, le donne non sposate, le donne con bambini a carico, le donne appartenenti alle classi sociali più svantaggiate, le disoccupate.

Se dunque, sulla base di questi dati, possiamo affermare che la popolazione femminile è, almeno nella nostra società, più esposta a un rischio psicopatologico, è lecito ipotizzare che esistano fattori specifici utilizzabili per interpretare tale fenomeno. Non è questa la sede per addentrarci nella discussione delle ipotesi interpretative sul complesso della questione di per sé tanto interessante quanto di difficile interpretazione: ci limiteremo perciò ad alcune riflessioni.

Anzitutto va detto che la variabile costituita dal sesso non discrimina solo l'incidenza numerica dei tentati suicidi, ma anche le caratteristiche socio-demografiche dei soggetti, il metodo utilizzato, l'eventuale tipologia del disturbo psichico collegato, gli eventi di vita considerati come fattori precipitanti. Il tentativo di suicidio compiuto da una donna, dunque, non è solo *quantitativamente* più frequente, ma è *qualitativamente* diverso da quello compiuto da un uomo. Come interpretare questa differenza?

Recentemente, il sociologo inglese Raymond Jack [11] ha affrontato criticamente alcune ipotesi interpretative. Vediamo le più significative.

a) *Il paradigma psicopatologico.* Si tratta dell'interpretazione eziologica classica, evocata da molti psichiatri e psicologi: secondo questa lettura, il suicidio è funzione della malattia mentale: l'alto numero di suicidi tentati dalle donne è dunque funzione della forte incidenza di alcune delle più frequenti malattie mentali tra il sesso femminile. Tale ipotesi, tuttavia, oltre a sostenere indirettamente la tesi del "sesso debole" (in questo caso psichicamente), non riesce a rappresentare una risposta convincente a una serie di dati statistici e socio-anagrafici. In base a che cosa, per esempio, si pensa di poter definire potenzialmente malata di mente una ragazzina su 100 (questa è infatti l'incidenza dei tentati suicidi tra le teenager in molti paesi)? Perché sarebbero più a rischio le donne proletarie rispetto a quelle borghesi?

Piuttosto che come fattore eziologico, le caratteristiche psicopatologiche dovrebbero essere intese come effetti (dunque sintomi) di una condizione precedente: in questo senso il disturbo psichico si accompagna a una condotta suicidaria piuttosto che rappresentarne una causa. Ma allora non è sulla base del disagio psichico che si possono distinguere i tentativi di suicidio compiuti da donne e da uomini, perché non si può spiegare con la differenza di genere la molteplicità degli effetti di condizioni diverse, né la loro eventuale combinazione con condotte autolesive. Il rischio dell'interpretazione eziologica classica sembra consistere nell'usare come quadri di riferimento archetipi – di genere, in questo caso – azzerando nella differenza (ammessa) le differenze (ignorate).

b) *La capacità introspettiva.* Un'altra interpretazione del dato epidemiologico che segnala una maggior frequenza di malattie mentali e di condotte suicidarie tra le donne accredita al sesso femminile una più elevata tendenza introspettiva, una maggior capacità di guardarsi dentro. Questa maggiore attenzione a se stesse (che si manifesta per esempio con una maggior coscienza del proprio corpo, inteso come insieme biopsicologico) comporterebbe un abbassamento della soglia dell'attenzione nei confronti della natura e delle fonti del disagio psichico. L'ipotesi è confortata dai dati che indicano nelle donne le maggiori fruitrici dei diversi tipi di aiuto psicoterapico (dall'approccio psicodinamico classico agli interventi alternativi esoterici). Una maggiore attenzione al proprio equilibrio psicologico potrebbe indurre una tendenza a interiorizzare i conflitti, a ricercarne la soluzione attraverso l'uso di forze interiori; quando tali forze interne non riescono a prevalere, l'individuo – non riuscendo a investire all'esterno – tende a soccombere, sottolineando le valenze autoaggressive.

c) *La socializzazione del ruolo sessuale.* Ipotizzando che il tentativo di suicidio voglia comunicare la propria incapacità di reagire allo stress secondo forme comportamentali condivise, la condotta suicidaria potrebbe essere letta come una paradossale modalità, l'unica o l'ultima posseduta, di far fronte (*coping mechanism*) a un evento o situazione stressante. Donne e uomini hanno accezioni e livelli propri e differenti di resistenza fisica, di potere economico e sociale, di livelli di autonomia e di autostima. Anche la natura degli eventi stressanti che colpiscono più frequentemente le donne appare diversa da quella riguardante gli uomini: è dunque possibile aspettarsi modalità differenti di reazione. Nelle donne, secondo le psicologhe americane Kay Clifton e Dorothy Lee [12], la tendenza all'autodistruttività rappresenta la conseguenza del diverso sviluppo della socializzazione del loro ruolo sessuale che le porta, a differenza degli uomini, a tendere a estrovertire (ovvero a comunicare e condividere con altri) i propri sentimenti positivi nelle situazioni favorevoli e a introvertire, vergognandosi e deplorandole, le proprie reazioni negative in rapporto alle situazioni spiacevoli. Questa tendenza, determinata come già detto dalla diversa socializzazione del ruolo sessuale, porterebbe le donne, specie se costrette a vivere in un ambiente deprivato economicamente e socialmente, a comportamenti autolesionistici piuttosto che eteroaggressivi.

Tuttavia questa ipotesi non riesce a spiegare se vi sia una tendenza inscritta nel genere a estrovertire i sentimenti negativi e non le reazioni positive o se invece si tratta dell'espressione della difficoltà che fa fatica a uscire dal genere, a trovare una direzione e un ascolto universale.

Quello del riconoscimento della *differenza* di genere in rapporto alle condotte autolesive non potrebbe dunque essere utilizzato come il primo – essenziale, anche se limitato – passo verso il pieno riconoscimento delle *differenze*? E se così fosse, sarebbe legittimo, dal punto di vista scientifico, assolutizzare il parametro della differenza e non lavorare invece alla comprensione delle differenze per interpretare un fenomeno così complesso come quello che determina le condotte suicidarie?

Come si vede, anche in questo caso le questioni aperte sovrastano di molto le possibili risposte interpretative.

4. La seduzione fatale

L'influenza dei mezzi di comunicazione di massa sulle condotte suicidarie

> ...la gente si sbatte dappertutto, rincorrendosi come mosche, credo proprio che andrò a comprarmi una calibro 45, così farò a tutti una bella sorpresa. Sì, credo proprio che mi ucciderò, essere la causa di un piccolo suicidio, restare in giro per un paio di giorni a vedere, che gran bello scandalo se muoio. Sì, credo proprio che mi ucciderò, così mi faranno un bel titolo, mi piacerebbe vedere cosa scriveranno i giornali, sullo stato degli adolescenti depressi...
>
> *Credo che mi ucciderò,* canzone scritta da Elton John e Bernie Taupin

Molti di noi ricorderanno le morti per suicidio che si sono succedute con un ritmo agghiacciante a partire da quelle di tre ragazzi di un paesino vicino a Merano, in Alto Adige. Era la fine dell'agosto del 1990 e, se rammento bene, tutto era accaduto la notte di un venerdì. I tre, amici da lunga data, avevano una ventina d'anni ed erano sempre vissuti in quel paese; stesse scuole, stesso bar, stessa vita tutti i giorni. Avevano un lavoro e non gli mancavano i soldi per divertirsi un po'; tutto dunque normale, come la vita di migliaia di loro coetanei. Poi, una sera, la decisione di andare fino in fondo a quella che fino ad allora era stata probabilmente solo una battuta scambiata tra amici, una sbruffonata buttata lì dopo qualche bicchiere di birra per il gusto di sbalordire o di ravvivare una serata noiosa. Quella notte, però, non andò così.

I tre, lasciata la solita compagnia, prendono la macchina ed escono appena dal paese, si fermano ed eseguono un rituale che ha tutta l'aria di essere stato già molte volte discusso: infilano un'estremità di un tubo di plastica allo scappamento del motore, l'altra dentro un finestrino; accendono il motore; bevono tutte le birre che si sono portati; aspettano la morte abbandonati nella loro musica preferita. La mattina seguente li trovano reclini sui sedili, come se si fossero addormentati dopo una nottata di baldoria.

Un po' per la drammaticità di quelle morti, un po' perché nel mese di agosto gli spazi nei notiziari sono sempre abbondanti, al triplice suicidio viene data un'evidenza sensazionale: prime pagine dei quotidiani, radio e telegiornali offrono con dovizia di particolari quelle povere vite per calamitare l'attenzione di un'opinione pubblica distratta dagli ozi estivi. Seppure qualcosa di quella drammatica sera sembra avere lasciato il segno: da quel giorno una lunga serie di tragiche notizie analoghe sembrano rincorrersi in tutto il paese. A poche ore di distanza, altri uomini e altre donne, in gran parte giovani, scelgono di togliersi la vita con la stessa modalità descritta dai giornali e dalla televisione.

La lista di suicidi si allunga di giorno in giorno, di settimana in settimana; sembra non voler trovare una fine. Giornalisti, direttori di reti televisive e quotidiani iniziano a interrogarsi sulla natura di un fenomeno tanto inusitato e inquietante: queste morti non sono forse, almeno in parte, indotte dal clamore cui essi stessi hanno contribuito riportando la descrizione del suicidio dei ragazzi di Merano e di tutti quelli che li hanno seguiti? Esiste un nesso causale tra il modo con il quale si offre e si presenta la notizia di un suicidio e il suo diffondersi tra chi ne è informato? Insomma, una decisione tanto terrificante come quella di togliersi la vita può essere influenzata dai mezzi di comunicazione di massa?

A queste domande vengono date risposte diverse: alcuni decidono di interrompere l'informazione sulla catena di suicidi, altri preferiscono continuare a parlarne, magari richiedendo l'opinione di esperti del settore, altri infine scelgono di limitarsi a darne notizie brevi, senza risalto.

A un paio di mesi di distanza da quella tragica notte di Merano, il fenomeno gradualmente si spegne e con esso il clamore, i dubbi dei giornalisti e i commenti degli esperti. Oggi sappiamo che buona parte di quelle polemiche non era mal posta. Alcuni dati statistici testimoniano che qualche perplessità sul comportamento dei mezzi di comunicazione in quella circostanza era pur giustificata: infatti è emerso che, tra il 1990 e il 1991, la crescita del numero delle morti per suicidio in Italia è quasi interamente addebitabile alle morti compiute con l'introduzione dei gas di scarico nell'abitacolo dell'automobile (questo specifico aumento ha superato il 150 per cento) e che la gran parte di tali suicidi sono stati compiuti da persone sotto i trent'anni.

Quanto tutto ciò giustifichi l'ipotesi di una relazione tra la diffusione delle condotte autolesionistiche dei giovani e il contenuto delle notizie, da una parte, e la modalità con cui tali notizie vengono date, dall'altra, è stato l'oggetto di uno dei più interessanti contributi della ricerca suicidologica recentemente proposta a livello internazionale.

Il concetto di imitazione secondo Durkheim

Già quando i mezzi di comunicazione di massa non erano così diffusi come oggi, molti ritenevano che i giovani, specialmente quelli più impressionabili, corressero il rischio di essere facilmente coinvolti, manipolati e indotti a imitare ciò che era descritto da un romanzo, un racconto o in un giornale. Tale convinzione assunse i caratteri di vero e proprio panico collettivo quando, a seguito della pubblicazione del romanzo di Wolfgang Goethe *I dolori del giovane Werther*, si diffuse in Europa la voce che molti giovani alla lettura della drammatica fine del protagonista ne avevano insanamente imitato il gesto disperato. Tale fu l'impressione che in molte città del continente il libro fu addirittura messo al bando.

Anche se è evidente che le probabilità di imitare il messaggio veicolato dai mezzi di comunicazione di massa sono enormemente più alte da quando questi hanno invaso la nostra vita quotidiana, tuttavia il concetto di *imitazione* è dunque noto da più di un secolo. Era già stato affrontato da Durkheim [1] il quale – come ho ricordato altrove [2] – indicava tre condizioni facilitanti:

1. La presenza di un fenomeno chiamato di *livellamento* che insorge all'interno di uno stesso gruppo sociale tra individui soggetti all'azione per una stessa causa quando ognuno di essi si trova a pensare allo stesso modo degli altri. Allora l'imitazione implica la proprietà, che hanno tutti gli stati di coscienza simultaneamente presenti in persone diverse, di far agire, ciascuno come gli altri, di modo che le diversità si appiattiscono e la loro combinazione dà forma a un corpo nuovo, risultante dall'omologazione delle individualità. Tale combinazione è dovuta a una imitazione reciproca.
2. La propensione di un individuo a mettersi in armonia con la società di cui fa parte, adottando a tal fine i modelli di pensiero e di comportamento della cultura dominante;
3. La tendenza a ripetere un atto avvenuto in nostra presenza o giunto a nostra conoscenza unicamente perché è accaduto davanti a noi o perché ne abbiamo sentito parlare. In questo caso, non lo imitiamo né perché lo giudichiamo utile,

né per metterci in assonanza con esso, ma semplicemente per ripeterlo.

Possiamo dunque affermare che una condotta individuale, come appunto quella autolesionistica, può venir messa in atto anche per *contagio imitativo*, ovvero attraverso la sola riproduzione meccanica dell'azione di cui si è venuti a conoscenza attraverso un mezzo di comunicazione di massa? Secondo lo stesso Durkheim, la possibilità che ciò possa avvenire riguarda un numero ristretto di casi. Egli annota: "L'imitazione non può essere interpretata come causa di una condotta suicidaria: essa, infatti, non fa che rendere visibile uno stato che è la vera causa generatrice dell'atto e che, con tutta probabilità, avrebbe trovato comunque il modo di produrre il suo effetto. Fortissima, infatti, deve essere la predisposizione, se così poca cosa è sufficiente a farla passare all'atto". Per Durkheim, dunque, l'imitazione di un comportamento suicidario può costituire solo un fattore precipitante per un individuo che ha già deciso di compiere questo gesto: in altre parole, il processo imitativo influenza solo la modalità e il tempo nel quale viene presa la decisione di passare all'atto.

Durkheim, tuttavia, non aveva assistito alla silenziosa rivoluzione planetaria provocata dalla diffusione dei media, né poteva immaginare il potere che questi mezzi avrebbero acquisito solo a pochi anni di distanza dalla sua morte: se molte delle sue intuizioni sono state straordinariamente illuminanti, non altrettanto utili, quindi, si sono rivelate alcune conclusioni del grande sociologo francese.

L'esplosione dei media e il loro consumo da parte degli adolescenti

Ciò che Durkheim non poteva immaginare non riguarda tanto la diffusione quantitativa della carta stampata – avvenuta peraltro con ritmi un secolo fa assolutamente imprevedibili che solo negli ultimi trent'anni, almeno per quanto riguarda i paesi occidentali, hanno mostrato una graduale flessione, pur continuando a rappresentare per circa il 50 per cento dell'opinione pubblica il mezzo di comunicazione preferito [3] – quanto piuttosto il profondo mutamento che i media hanno indotto nell'organizzazione della nostra vita quotidiana.

Se pensiamo che negli Stati Uniti (ma in buona parte dei paesi europei la situazione è simile) negli ultimi trent'anni il calo (valutabile tra il 3 e il 25 per cento) dei consumi culturali di massa (teatro, concerti di musica classica o moderna) va di pari passo con la riduzione del tempo libero (nell'ultimo decennio le ore libere settimanali sono passate in media da 18 a 17) e con la crescita dell'uso di prodotti di evasione e di intrattenimento casalingo (soprattutto tivù via cavo, videoregistratori e, più recentemente, videoclip), si può ben comprendere la portata dei mutamenti sociali, oltre che culturali, imposti dall'avvento dei mezzi di comunicazione di massa [3; 4]. Se quindi ciò vale per l'intera popolazione, quali modificazioni ha prodotto l'invasione dei media nella vita quotidiana dei bambini e degli adolescenti? Assieme agli anziani questi sono, come è risaputo, i maggiori fruitori dei media, soprattutto televisione e periodici. Si calcola infatti che quotidianamente i giovani passano davanti alla televisione una media di 4-5 ore negli Stati Uniti [5] e di 2-3 ore in Italia [6; 7; 8].

Se, dunque, l'ipotesi che i media possono influenzare il comportamento dei giovani era stata avanzata con notevole cautela il secolo scorso, oggi il problema si ripropone con ben diversa consistenza. Essa è stata utilizzata per interpretare alcuni fenomeni che in tempi recenti hanno sconvolto il mondo giovanile come per esempio lo spaventoso incremento di violenze: omicidi, rapine a mano armata, stupri. Il tasso di criminalità giovanile è infatti raddoppiato negli Stati Uniti e in Gran Bretagna tra gli anni cinquanta e gli anni settanta [9], mentre in Italia nel 1988 sono stati denunciati per delitti commessi più di dieci minorenni al giorno in media [10]. Gerber [11] e Slaby [12] hanno imputato tale incremento allo sconcertante aumento di scene di violenza nei media destinati ai giovani: una ogni due minuti nei programmi televisivi pomeridiani americani, secondo i calcoli di questi ricercatori. Lo stesso Gerber [11] ha stimato che, al compimento dei suoi 14 anni, un bambino americano avrà assistito in media a più di undicimila omicidi televisivi. Se a tutto ciò si aggiunge quanto contenuto in molti periodici per ragazzi (quali, recentemente, alcuni fumetti di importazione giapponese) sorge il sospetto che almeno una parte consistente della crescente violenza eterodiretta (basterebbe pensare al fenomeno, certamente non solo italiano, della violenza domenicale dei giovani tifosi delle squadre di calcio o alle bande giovanili in molte metropoli europee e nordamericane), così come di quella autodiretta, abbia un qualche legame con il contenuto veicolato dai mezzi di comunicazione di massa.

Tale ipotesi è stata negli ultimi trent'anni al centro di una interessante quanto accesa disputa scientifica. David Phillips, titolare della cattedra di sociologia all'Università di San Diego in California, è probabilmente il più noto e convinto assertore dell'esistenza di un effetto dei media sulle condotte suicidarie, soprattutto adolescenziali, fenomeno da lui stesso chiamato, in omaggio all'opera di Goethe, "effetto Werther". Cercherò dunque di analizzare il suo punto di vista e le prove che l'autore porta a conferma della validità metodologica delle proprie ipotesi.

L'effetto Werther: le ipotesi di David Phillips sul suicidio imitativo

Il ragionamento di Phillips [13; 14; 15] parte da una considerazione generale: il suicidio è un fenomeno determinato da fattori cronici e acuti. Nel primo caso esso rappresenta il momento culminante di un processo che può durare nella persona anche venti o trent'anni; tale processo viene a interrompersi, in modo spesso apparentemente improvviso, e la persona decide di passare all'atto. In questo secondo momento, il processo acuto, la decisione viene presa in tempi molto brevi: ore o giorni, raramente settimane.

Dal punto di vista metodologico si possono studiare i due ordini di fattori cercando di correlare nel luogo o nel breve periodo le due variabili: quella dipendente, la frequenza del suicidio, e quella indipendente, il fenomeno che si ipotizza essere in relazione al suicidio.

Nel primo caso è possibile studiare la correlazione tra la frequenza del suicidio in una data popolazione (di una città, di una regione o di un'intera nazione) e alcuni fattori di rischio endemicamente presenti in quella popolazione (per esempio, l'alcolismo, l'isolamento sociale, il divorzio o la disoccupazione di massa). Si potrà così valutare attraverso calcoli statistici se e come tali fenomeni mostrano, nell'intervallo preso in esame, un andamento significativamente correlabile. È evidente che in questo caso è impossibile determinare un rapporto di causalità tra i due fenomeni, dal momento che molte altre variabili possono entrare in gioco, essendo il periodo di osservazione, per definizione, lungo. Questi studi sono dunque utili solo in quanto provano che gli eventi indagati, dimostratisi correlati per molto tempo, possono fornire alcune ipotesi interpretative: esse dovranno, però, essere ulteriormente convalidate da indagini *ad hoc*.

Nel secondo caso invece, i due fenomeni da studiare – nell'esempio su cui stiamo riflettendo, l'incidenza di suicidi e la presenza di storie di suicidi riportate da quotidiani e telegiornali – si susseguono nell'intervallo di poche ore o di pochi giorni. La correlazione, questa volta, deve essere dimostrata da un aumento del tasso di suicidi nelle ore e nei giorni immediatamente successivi all'apparizione della notizia e da un ritorno nella norma nel tempo immediatamente successivo. Dal momento che l'intervallo considerato è breve, la possibilità che intercorrano variabili esterne estranee alle due indagate è minima; ciò rende la correlazione ancor più pulita rispetto all'interferenza di altri fattori di confondimento e, dunque, i risultati ancor più convincenti. Inoltre, in questo caso, la distinzione tra la variabile dipendente (la frequenza di suicidi) e quella indipendente (la pubblicizzazione delle notizie di suicidi) è chiara e incontrovertibile: diventa così possibile ritenere che è stata la pubblicizzazione della morte per suicidio di, facciamo l'esempio, Marilyn Monroe ad aver provocato un aumento dell'incidenza di suicidi e non il contrario. Nello studio di una correlazione sul lungo periodo non si può invece fare una tale chiara differenza, in quanto le due variabili possono sempre essere invertite: l'incremento del tasso di alcolismo può produrre quello di suicidi, ma anche viceversa.

Per queste ragioni di ordine metodologico, David Phillips sostiene che gli studi concernenti l'analisi dei processi imitativi sono assai meno esposti a critiche di quelli che analizzano le correlazioni attraverso lunghi periodi di tempo. Ecco perché, secondo questo autorevole studioso, le indagini sui processi imitativi che legano l'impatto dei media al fenomeno del suicidio, soprattutto quello giovanile, ricoprono un alto valore scientifico nel novero degli studi eziologici, quelli cioè che tentano di scoprire le cause di un fenomeno.

Vediamo dunque quali sono stati gli studi più importanti effettuati in questo campo e quali i risultati ottenuti.

Le condotte suicidiarie come processi imitativi pubblicizzati dai mass media: analisi delle principali ricerche empiriche

La produzione scientifica riguardo allo studio degli effetti dei media sulle condotte suicidarie è andata intensificandosi a partire dagli anni cinquanta, dall'inizio cioè della diffusione di massa della televisione, diventando uno dei terreni più interessanti e produttivi dell'intero ambito delle indagini empiriche sul suicidio. Data la vastità di tale produzione, ho ritenuto opportuno – seguendo l'esempio di due celebri ricercatori tedeschi, Heinz Hafner e Armin Schmidtke [17; 18] – suddividere l'analisi della letteratura scientifica secondo la tipologia dei media presa in esame.

Gli studi sugli effetti provocati dalle notizie riportate dai quotidiani e dai telegiornali

Lo psichiatra californiano Jerome Motto fu uno dei primi a porsi l'obiettivo di valutare l'impatto delle notizie riguardanti suicidi riportate dai quotidiani [19]. Quando uno sciopero di giornalisti ne impedì l'uscita in alcune città nordamericane, l'autore ipotizzò che, essendosi interrotto il flusso di notizie, sarebbe risultato impossibile per chiunque trovare la fonte sulla quale modellare il proprio eventuale comportamento suicidario. I risultati di questa indagine, come di una simile condotta da Blumenthal e Bergner [20], non sono riusciti a confermare del tutto questa ipotesi. Qualche anno più tardi, però, lo stesso Motto [21], nonché Phillips [22], Baraclough e collaboratori [23], riuscirono a dimostrare che quando i quotidiani (in questo caso americani e inglesi) davano risalto a un suicidio – specie se riguardante una personalità di spicco – nei giorni immediatamente successivi i tassi di suicidio crescevano significativamente e che tale aumento era direttamente proporzionale all'importanza e al risalto conferiti alla notizia. Risultati sovrapponibili sono stati successivamente raggiunti anche in riferimento alle notizie riportate dai telegiornali: in questo caso l'effetto si è manifestato per un periodo medio di dieci giorni [24].

Più recentemente, Phillips e Carstens [25] hanno studiato l'effetto di notizie televisive riguardanti i suicidi compiuti da adolescenti americani sull'andamento delle condotte suicidarie dei loro coetanei in un lungo periodo di tempo (dal 1973 al 1979). I risultati hanno dimostrato un incremento dei suicidi adolescenziali notevolmente più alto delle normali fluttuazioni: l'entità della crescita si era dimostrata proporzionale al numero delle reti televisive americane che avevano pubblicizzato tali eventi.

Non tutti i ricercatori che hanno replicato le indagini di Phillips e colleghi hanno concordato con le conclusioni del sociologo americano. Per esempio Horton e Stack [26], studiando gli effetti delle notizie televisive sui suicidi compiuti da adolescenti negli Stati Uniti tra il 1974 e il 1980, non hanno riscontrato l'incremento precedentemente osservato e descritto da Phillips.

Tuttavia, anche i più convinti detrattori delle teorie di Phillips hanno ammesso che l'ipotesi del suicidio per imitazione ha una base scientifica, se non altro quando la notizia trasmessa dai notiziari televisivi o dai quotidiani riguarda un personaggio conosciuto dalla gran massa dei telespettatori o dei lettori. D'altra parte, l'effetto imitativo non sembra riguardare qualsiasi notizia di questo tipo data attraverso i mass media: l'esempio del suicidio di massa degli aderenti alla setta della città di Jonestown nella Guyana avvenuto nel 1978, pur essendo stata riportata dai media americani con un'enorme enfasi e per un lungo periodo di tempo, non ha prodotto alcun rialzo nell'andamento dei suicidi [27; 28]. Evidentemente, a determinare un effetto imitativo non è solo l'importanza attribuita alla notizia, ma una serie di altri elementi qualitativi, non ultimo il contesto culturale nel quale il fatto si è svolto. Riprenderò più avanti quest'ordine di considerazioni.

Gli studi sugli effetti provocati dal genere fiction

Lo studio degli effetti di romanzi, commedie, allestimenti teatrali, film, riduzioni televisive, serial (ovvero di tutti i generi classificabili come *fiction*) ha prodotto, nonostante il tema del suicidio sia tutt'altro che infrequente, una minore quantità di risultati empirici rispetto all'indagine riguardante gli effetti delle cronache giornalistiche.

Neanche in questo caso, comunque, i risultati si sono dimostrati univoci. Uno studio condotto da Jackson e Potkey [29] agli inizi degli anni settanta ha valutato gli effetti di una commedia teatrale, *Quiet Cries*, incentrata sulla morte di un giovane per suicidio e replicata per diverso tempo in alcuni licei americani: gli autori, infatti, non hanno registrato alcuna variazione né nella sintomatologia depressiva, né nell'ideazione suicidaria tra gli allievi di quelle scuole.

Molto più nota è l'indagine condotta negli Stati Uniti e in Germania sugli effetti provocati dal serial televisivo *Morte di uno studente*; si tratta di una commedia in sei puntate ciascuna delle quali inizia con la ripetizione del suicidio compiuto da un giovane di 19 anni che si toglie la vita gettandosi sotto un treno. Questo serial è stato dapprima programmato negli Stati Uniti e successivamente, nel 1982, in Germania: in ambedue i casi un'équipe di ricercatori ha cercato di misurarne gli effetti sull'incidenza di suicidi tra i giovani [30; 31]. Tuttavia, mentre nell'indagine americana gli autori hanno affermato, senza però poterlo confermare statisticamente, di aver riscontrato un aumento di suicidi nei giorni immediatamente successivi alla programmazione del serial, Hafner e Schmidtke sono riusciti a dimostrare, questa volta anche dal punto di vista statistico, che in Germania le puntate erano state seguite da una crescita significativa di suicidi compiuti da coetanei del tragico protagonista: infatti, tra i giovani tedeschi dai 18 ai 27 anni l'aumento registrato è stato del 175 per cento tra i maschi e del 167 per cento tra le femmine.

Anche alcune *soap operas* sono state al centro di indagini volte a valutare l'effetto dei loro contenuti di morte. Phillips ha, ancora una volta, evidenziato la crescita di suicidi compiuti da giovani statunitensi di razza bianca (quindi con caratteristiche corrispondenti al personaggio imitato) nella settimana seguente la trasmissione da parte di un'emittente americana [32]. Analoga metodologia è stata scelta da Ellis e da Walsh [33] per misurare gli effetti della programmazione di *Eastenders* (gli abitanti dei quartieri orientali di Londra, notoriamente socialmente degradati), una *soap opera* inglese trasmessa dalla Bbc che racconta la storia di una ragazza che si uccide con una overdose di eroina. Nei giorni immediatamente successivi alla trasmissione il numero dei giovani portati al pronto soccorso di sessantatré ospedali generali inglesi a causa di una overdose da eroina era infatti cresciuto significativamente: del 14,6 per cento nel giorno seguente alla messa in onda di *Eastenders*, del 31 per cento nei tre giorni successivi [34].

Un'ulteriore conferma di questi risultati è stata ottenuta da due recenti indagini. La prima è stata compiuta da Madelyn Gould e David Shaffer [35] e ha riguardato lo studio dell'andamento dei tentativi di suicidio di adolescenti dai 14 ai 19 anni ricoverati in sei ospedali generali di New York e dei suicidi registrati prima e dopo la trasmissione – avvenuta tra l'ottobre del 1984 e il febbraio del 1985 – di quattro sceneggiati televisivi, ognuno dei quali incentrato su storie di adolescenti suicidi. In questo caso, la crescita del numero sia dei tentati suicidi sia dei suicidi è stata enorme: da un minimo del 54 per cento a un massimo del 400 per cento, secondo i diversi sceneggiati.

La seconda, e più recente, indagine è stata condotta da Arturo Biblarz e dai suoi colleghi [36]. Questi ricercatori californiani hanno analizzato le reazioni (ideazione suicidaria, eccitazione emotiva) di un gruppo di studenti universitari, senza alcun precedente tentato suicidio, prima e dopo la visione di tre film: il primo, *Surviving*, è un film prodotto per la televisione in cui i due adolescenti protagonisti, con notevoli problemi familiari, si tolgono la vita; il secondo, *Death Wish*, non contiene storie di suicidi ma di violenza (omicidi, stupri); il terzo, utilizzato come elemento di controllo, è un film musicale di intrattenimento. I risultati di questa indagine hanno dimostrato una crescita significativa dell'ideazione suicidaria alla visione del primo film che è durata circa due settimane. Una simile crescita è stata misurata anche riguardo all'aumento di aggressività e di eccitamento comportamentale seguito alla visione del secondo film; entrambi questi risultati hanno dimostrato differenze significative dal punto di vista statistico rispetto alla visione del terzo film.

Le condotte suicidarie come processi imitativi veicolati dai media: limiti metodologici e interpretativi del fenomeno

Alcune delle indagini riportate hanno dovuto affrontare problemi metodologici non indifferenti e hanno suscitato qualche dubbio riguardo alla validità dei risultati ottenuti. Può, dunque, essere utile citare le critiche principali che hanno suscitato e le repliche dei ricercatori interessati: credo infatti che la comprensione dei punti principali di obiezione possa facilitare la riflessione sull'interpretazione del fenomeno dei processi imitativi.

Un primo limite è rappresentato dall'influenza di fattori esterni che possono inquinare i risultati ottenuti; uno dei più citati riguarda la stagionalità. Prendiamo per esempio le indagini che cercano di valutare gli effetti dei mass media in un lungo periodo di tempo (mesi o anni). In questo caso, gli incrementi registrati nei tassi di suicidio potrebbero dipendere non tanto dai processi imitativi, quanto dalla fluttuazione stagionale tipica delle condotte suicidarie (in letteratura è noto che vi sono dei periodi – per esempio intorno al mese di maggio – nei quali i valori sono generalmente più alti e altri durante i quali essi sono sensibilmente più bassi [37; 38]. È importante, dunque, che i risultati siano sempre messi a confronto con quelli raccolti in epoche stagionali sovrapponibili, così come è indispensabile che i dati emersi siano confrontati con dati analoghi registrati nella stessa stagione sia *prima* sia *dopo* l'evento trasmesso dai media: se, per esempio, la crescita dei tassi di suicidio è stata misurata a seguito di una notizia diffusa ai primi giorni del mese di novembre occorre poter dimostrare che essa è risultata superiore a quella registrata nel mese di novembre dell'anno precedente e in quello dell'anno successivo a tale evento).

Un secondo punto critico riguarda la questione della reazione individuale a un evento, la morte, che è comunque luttuoso per chiunque: si può infatti ritenere che non sia tanto la notizia del suicidio di una persona, in questo caso ci si riferisce a un personaggio noto al grande pubblico, a determinare l'aumento dei suicidi, quanto piuttosto il senso di profondo sconforto che può colpire l'individuo nell'apprenderne la morte. A questa critica è possibile rispondere misurando l'effetto della notizia della morte di una persona famosa avvenuta per cause diverse dal suicidio: se l'ipotesi fosse fondata, anche in questo caso si dovrebbe verificare un aumento del tasso di suicidi nel periodo immediatamente successivo alla diffusione della notizia.

Un'ulteriore obiezione alle indagini riportate riguarda l'esistenza di condizioni a priori che possono aver causato l'incremento rilevato indipendentemente dalla comunicazione dei mass media. Uno degli esempi più frequentemente utilizzati riguarda l'andamento dei tassi di disoccupazione: è noto, infatti, che un periodo di forte instabilità economica influisce negativamente sull'andamento dei tassi di suicidio. A questo proposito occorre però ricordare sia che l'incremento indotto dai mass media avviene solo dopo la diffusione della notizia, sia che investe un periodo di tempo molto limitato, sia infine che è proporzionale all'importanza conferita all'evento: si tratta evidentemente di caratteristiche che ben poco si adattano a un fenomeno ad andamento lento e durevole come quello tipico degli effetti dei cambiamenti economici sulla salute, misurabili anche a molti anni di distanza dal momento della crisi economica [39]. È comunque sempre utile verificare che il periodo preso in esame non sia concomitante con fattori in grado di aumentare la frequenza del suicidio in una data popolazione a prescindere dall'influenza esercitata dai mass media.

L'ultima e più frequente obiezione si basa sulla già menzionata ipotesi di Durkheim, secondo la quale il *contagio imitativo* può funzionare solo ed esclusivamente come fattore precipitante, in grado di affrettare i tempi di una decisione già presa: in altre parole si suiciderebbero per imitazione solo persone che avevano già deciso di farlo. Se così fosse, ribatte però Phillips, la crescita di suicidi dovrebbe essere immediatamente seguita da un altrettanto rapido decremento (a causa di una sorta di esaurimento temporaneo dei potenziali suicidi, dal momento che una parte di chi aveva comunque deciso di agire ha, per così dire, affrettato i tempi). Ciò non è però confermato dai dati: la crescita evidenziata dopo la comunicazione dei mass media non è seguita da un decremento analogo: al contrario, l'andamento tende a normalizzarsi al livello precedentemente conseguito.

Ciò che si evince dalla maggioranza delle indagini svolte e

dalle opinioni dei ricercatori coinvolti sembra dunque contrastare sia con le classiche ipotesi durkheimiane sia con gran parte delle obiezioni più recenti. Al momento attuale non si può che affermare che i mass media rivestono un ruolo di enorme importanza sull'andamento del fenomeno suicidario, soprattutto adolescenziale.

Tuttavia ho l'impressione che tale affermazione corra il rischio di conferire ai mezzi di comunicazione di massa un potere ancor più spaventoso di quanto già non abbiano; né, d'altra parte, i risultati delle ricerche citate devono portarci a demonizzare giornali, televisione, cinema o quant'altro riempie, nel bene e nel male, le nostre vite. Per orientarci meglio in questo fenomeno complesso e contraddittorio occorre, ancora una volta, precisare che esistono condizioni sperimentali che ci possono dire se e in quale misura si può parlare di effetti induttivi di suicidio da parte dei media. Val la pena di riassumerle:

a) *l'effetto dei media deve essere misurabile*: ciò significa che non può essere basato su opinioni, ma deve rispondere a criteri rigidamente statistici;

b) l'effetto dei media *deve essere misurabile in un'area geograficamente circoscritta*: rispetto alle ricerche a livello nazionale, sono più convincenti quelle condotte in aree più ristrette (città, regioni) in quanto, se la popolazione è meno estesa, la fonte dell'informazione (quotidiani o televisioni locali, per esempio) è più efficacemente controllabile e verificabile;

c) *la crescita del numero di suicidi deve essere contenuta* (anche se sono stati dimostrati aumenti molto rilevanti, in media non supera l'8-10 per cento). È importante ricordare che quanto ora detto vale per i suicidi avvenuti, mentre quando si fa riferimento ai tentati suicidi il valore della crescita può essere molto superiore, come è stato dimostrato da Gould e Shaffer [35]. Tale crescita deve comunque essere messa a confronto con i valori misurati nello stesso periodo dell'anno precedente e successivo. Perché si possa parlare correttamente di influenza, la latenza entro la quale viene misurato l'aumento di suicidi non deve essere estesa nel tempo e, comunque, non supera quasi mai le due settimane;

d) la consistenza della crescita del numero di suicidi *deve essere correlata all'importanza conferita dai media all'evento* (soprattutto se si tratta del suicidio di una persona nota): è importante sapere, per esempio, se la notizia è stata pubblicata in prima pagina, se la parola suicidio è stata menzionata nel titolo dell'articolo, se è stata riprodotta l'immagine della persona suicida, eccetera;

e) infine, la condizione forse più specifica riguarda il *grado di somiglianza tra gli individui* appartenenti alla popolazione entro la quale viene misurata la crescita del numero di suicidi e *le caratteristiche del suicida descritto dai mass media*: in altre parole, più vago risulta il grado di appartenenza del suicida a tale popolazione, più è difficile sostenere che si tratta di un fenomeno di imitazione.

Facciamo l'esempio del serial *Morte di uno studente*: in questo caso il protagonista è un ragazzo di 19 anni, bianco, suicidatosi sotto un treno. Se dunque, volendo verificare l'aumento dei suicidi nella popolazione generale che ha assistito (o si suppone abbia assistito) al serial televisivo, ci riferiamo al dato complessivo, dovremmo ammettere che possa riguardare anche una persona, supponiamo, di pelle nera, anziana, suicidatasi con un revolver immediatamente dopo una puntata di quel serial. Ciò mi sembra davvero difficilmente condivisibile. Se, invece, la crescita del numero di suicidi viene calcolata solo rispetto alla popolazione con caratteristiche simili al modello e se la modalità dell'atto è simile a quella descritta dal media preso in esame, allora l'ipotesi del processo imitativo prende consistenza e credibilità. Nel caso del serial televisivo *Morte di uno studente*, infatti, si è potuta accreditare tale ipotesi in quanto la crescita di suicidi riguardava giovani maschi bianchi che si erano tolti la vita con lo stesso mezzo utilizzato dal personaggio televisivo.

Nonostante le prove empiriche addotte dalle molte ricerche citate e i limiti metodologici entro i quali queste prove devono essere comunque interpretate, rimangono a mio parere aperte alcune domande, poste del resto più volte da uno dei più noti esperti americani di suicidio, Ronald Maris [40; 41]. Egli, infatti, afferma che non è di per sé sufficiente dimostrare l'avvenuta crescita di suicidi a seguito del messaggio dei media, in quanto il problema è comprendere perché essa avvenga. Le questioni principali, dunque, rimangono le seguenti: chi e perché sceglie di imitare quella morte pubblicizzata dai media e chi e perché invece non lo fa? Quali sono le caratteristiche che rendono diverse queste persone? La gran parte delle ricerche che ho citato non rispondono esaustivamente a tali domande, soprattutto, io credo, non a causa della loro inconsistenza quanto piuttosto della complessità della materia trattata. Se è vero che mancano studi qualitativi, più finalizzati a livello microsociale, ciò non toglie che i risultati finora ottenuti, soprattutto per quanto riguarda gli adolescenti, hanno comunque contribuito a fornire basi scientifiche all'ipotesi del suicidio imitativo.

Questa mia convinzione è stata recentemente rafforzata da un'indagine condotta a Vienna da Gernot Sonneck e dai suoi collaboratori [42]. All'inizio degli anni ottanta, in questa città era stato segnalato un preoccupante aumento di suicidi nella sotterranea (fenomeno peraltro assai diffuso in molte metropoli occidentali); i quotidiani e le televisioni locali ne davano puntualmente e diffusamente notizia. Sonneck e i suoi collaboratori, supponendo che tale tragico crescendo fosse in qualche modo collegato al clamore suscitato dai mass media, decisero di intervenire proponendo ai giornalisti della città una serie di incontri per informarli delle loro ipotesi e per verificare la possibilità di mettere a punto una strategia alternativa che potesse contrastare quel fenomeno. Fu dunque concordato un codice di comportamento comune a tutti i mezzi d'informazione che ebbe in breve tempo un effetto estremamente significativo: il numero delle persone che si tolsero la vita gettandosi sotto la metropolitana diminuì, fino a tornare ai valori medi registrati nel periodo precedente i fatti narrati. È interessante notare che le misure adottate dai giornalisti ebbero un chiaro effetto inibitore, almeno per un certo periodo di tempo, anche nei confronti del fenomeno suicidario nel suo complesso.

L'importanza di questa ricerca/intervento sta nel fatto che è riuscita a dimostrare *ex adiuvantibus* l'esistenza di un rapporto tra le modalità di informazione scelte dai media e la loro influenza sul comportamento suicidario. Ciò propone un quesito a mio parere fondamentale: se ipotizziamo l'esistenza e l'incidenza di questo legame, possiamo ritenere che, influenzando i media a cambiare le modalità della loro comunicazione, è possibile prevenire almeno in parte la crescita di suicidi indotti dall'imitazione? In che cosa può consistere, dunque, questa prevenzione? In che modo influenzare i media perché l'effetto imitativo sia il più possibile ridotto?

È possibile fare informazione sul suicidio senza correre il rischio di indurlo?

Torniamo alla storia dei tre ragazzi di Merano che ricordavo all'inizio. Non vi è dubbio che, anche alla luce di quanto è stato esposto in questo capitolo, qualcosa non ha funzionato nel modo in cui il mondo dell'informazione italiano ha trattato l'intera vicenda: forse superficialità e leggerezza, ma forse anche non conoscenza della portata della disinformazione. La crescita dei suicidi compiuti da giovani che scelsero il gas dell'automobile per togliersi la vita non lascia spazio a incertezze. Il problema semmai è un altro: che cosa avrebbero potuto/dovuto fare giornali e televisione? I ricercatori viennesi hanno brillantemente dimostrato che si possono e si devono combinare due esigenze apparentemente in contrasto tra loro: quella del diritto all'informazione (o la libertà di affrontare qualsiasi argomento, anche il più scabroso) e quella di non influenzare negativamente chi – soprattutto se si tratta di un giovane – fruisce degli strumenti di comunicazione.

Del resto molte redazioni di reti televisive (oltre a quella austriaca già citata, alcuni network americani e olandesi) e di quotidiani (recentemente a questo proposito è stato raggiunto un accordo nell'Associazione dei direttori dei principali quotidiani statunitensi) si sono sforzate di ripensare al modo con cui questo argomento è stato generalmente trattato e hanno convenuto, attraverso la consulenza di esperti, di attenersi ad alcune regole base ritenute le più idonee ed efficaci anche da un'apposita commissione istituita dall'Organizzazione mondiale della sanità. Ne illustro i punti principali:

a) *non "romanticizzare"* il caso di suicidio: evitare cioè ogni riferimento a fatti e avvenimenti che possono rendere il gesto suicida un evento positivo e accettabile. Per esempio, dovrebbero essere evitate sottolineature troppo evidenti e dettagliate del rapporto tra il suicidio e la fine di una storia d'amore: si tratta di una situazione in cui molti giovani si possono identificare e che può rendere il gesto suicidario un esito comprensibile e giustificabile;

b) *evitare di pubblicare* notizie di suicidi *sulla prima pagina* (o tra le prime notizie di un telegiornale);

c) *evitare di pubblicare una fotografia della vittima.* Ciò rende più facile l'identificazione del lettore (o dello spettatore) con il suicida;

d) *evitare di utilizzare la parola "suicidio" nel titolo della notizia*;

e) *evitare di tornare sull'argomento nei giorni immediatamente successivi* alla notizia: creerebbe un inutile rafforzamento del messaggio di morte;

f) *evitare* di pubblicare *dettagli sulle modalità* del suicidio: tali informazioni possono infatti suggerire modalità pratiche di attuazione precedentemente solo latenti nell'intenzionalità dell'individuo; ciò è di grande importanza soprattutto quando il mezzo utilizzato è inusuale (istiga la curiosità) e indolore (come per esempio il gas di scarico introdotto nell'abitacolo dell'automobile).

Secondo l'esperienza di molti ricercatori queste semplici regole, se messe continuativamente in atto, possono contribuire a ridurre gli effetti dell'imitazione del comportamento suicidario senza peraltro negare la necessaria informazione su fatti e notizie che ogni cittadino ha diritto di conoscere.

Ciò premesso, nasce un'ulteriore questione: possiamo affermare che lo stesso ragionamento vale anche per il genere *fiction*? Certamente in questo caso non è in causa il diritto all'informazione, ma la libertà culturale. Se chi lavora nella comunicazione di massa fosse a conoscenza del potere di manipolazione e di induzione all'imitazione dei modelli comportamentali che essa comporta, forse anche in questo caso si potrebbe migliorare la qualità del messaggio mediale senza per questo limitarne i contenuti.

Al di là di ogni pur lodevole tentativo di informazione e di convincimento, credo tuttavia sia bene tener presente che nessuno, nemmeno il migliore degli esperti, ha il diritto di imporre ciò che può apparire come una sorta di precetto onnipotente, in grado di eliminare qualsiasi rischio dalla vita di un giovane solo per tentare (peraltro del tutto improbabilmente) di proteggerlo. Del resto a ben vedere, come dice Ronald Maris, una vita totalmente al riparo di rischi è l'antitesi della crescita.

5. Il presagio dell'assurdo

Come valutare il rischio suicidario

> A che serve tutto questo? Mi guardo intorno e tutto quello che riesco a vedere è una scuola e un mondo che possono andare avanti senza di me. Sono venuta al mondo per caso. La mia morte, ne sono sicura, non tarderà. Ho cercato tutti i giorni di capire il senso di tutto questo, ma non c'è senso. Anche se le guerre sono state già combattute la mia battaglia deve ancora venire. Quando chiudo gli occhi il dolore si scioglie, quando li apro di nuovo il dolore riemerge. Ho cercato di non strillare, non sarebbe comunque servito a nulla, sono persa in questa folla. Non potete far finta di non vedere che io non sto vivendo. Ma sopravviverò finché la mia vita mi rimarrà appiccicata addosso.
>
> Nota lasciata da Teri, suicida a 15 anni (citata in A.L. Berman e D.A. Jobes, *Adolescent suicide. Assessment and intervention*, 1991)

Il granchio nella sabbia

Il mio proposito è offrire un aiuto e una speranza a chiunque abbia a che fare con una persona che ritiene in procinto di togliersi la vita. Al lettore tale proponimento potrà sembrare teorico se non ingenuo: sono in molti infatti a credere che il suicidio sia un evento per lo più imprevedibile. Eppure soprattutto in rapporto agli adolescenti – e la storia di Teresa ne è un esempio – l'idea e l'intenzionalità suicidarie non sono affatto confinate nella coscienza di chi le medita o separate dal suo agire quotidiano o celate nella sua personalità come granchi nella sabbia, tanto repentini nell'uscire allo scoperto da cogliere chiunque alla sprovvista. Il fatto che spesso non riusciamo a capacitarci dei motivi che spingono una persona a mettere fine ai suoi giorni non significa che tali motivi non esistano, ma solo che noi non siamo capaci di individuarli e di coglierli in tempo.

Non voglio certo riproporre quei semplicistici atteggiamenti interpretativi – dalla proterva onnipotenza allo sconsolato fatalismo – che tanto hanno nuociuto allo studio delle condotte autolesive, né voglio negare l'esistenza del suicidio razionale, del quale peraltro sono un convinto sostenitore: ma il riconoscere a un proprio simile il diritto di decidere in piena libertà e coscienza di sopprimersi, non implica necessariamente che non si debba far nulla per intervenire, né può comportare una totale deresponsabilizzazione dell'individuo e della società. Se quindi ognuno può e deve svolgere un compito in quest'ambito, è necessario che sappia come: ciò implica, in prima istanza, l'essere in grado di valutare l'imminenza del rischio.

Una corretta valutazione del rischio suicidario è però improponibile se non si smontano alcuni ricorrenti luoghi comuni che impediscono una comprensione corretta del fenomeno.

Pregiudizi, luoghi comuni, equivoci e semplificazioni

Intorno al suicidio convergono numerosi pregiudizi. Essi sono indotti e mantenuti da un atteggiamento istintivamente difensivo che porta l'opinione pubblica, spesso maldestramente informata dai mezzi di comunicazione di massa, a prendere le distanze da un evento così sconvolgente; altre volte, i pregiudizi e i luoghi comuni sono scorciatoie e semplificazioni interpretative anch'esse ansiolitiche, tendenti a riparare dall'angoscia indotta dalla complessità dell'evento. Vediamo gli equivoci più frequentemente ricorrenti tra l'opinione pubblica.

Chi vuole suicidarsi non fa mai trapelare il proprio proposito.
Si tratta di un nodo fondamentale per la valutazione del rischio suicidario. Molto spesso, quando un adolescente si uccide, l'uomo della strada ricorre a frasi del tipo "lo avrebbe potuto fare qualsiasi altro ragazzo", come a sottolineare che la decisione di togliersi la vita è un fulmine a ciel sereno, un atto senza preavviso, totalmente scollegato dall'esistenza stessa di chi lo ha fatto. Al contrario – come ho già accennato e come riprenderò più avanti – il suicidio, così come il tentato suicidio, è in genere preceduto da una serie di segnali che, se capiti in tempo, possono mettere preventivamente in allarme chi ha più stretti rapporti con la persona a rischio.

Chi si suicida soffre di un disturbo mentale.
Si tratta di un luogo comune opposto a quello appena citato: la tautologia che indica nella natura del suicidio un atto psichicamente insano rappresenta un vecchio vizio della psicopatologia moderna, la quale troppo spesso si è limitata ad asserire che la maggioranza delle persone che si tolgono la vita soffre di un disturbo psichico, senza peraltro riuscire a dimostrare che è proprio quella malattia mentale la vera causa del gesto. Neppure il negare la possibilità del suicidio razionale – altro atteggiamento indotto dal luogo comune in questione – ha fatto conseguire alla psichiatria i successi sperati nell'abbattimento dei trend di crescita dei suicidi registrati negli ultimi anni.

A volte anche un piccolo evento può essere causa di un suicidio.
Spesso si legge sui giornali: "Studente si toglie la vita dopo una bocciatura a scuola". Si sottolinea così l'aspetto impulsivo dell'atto (giornalisticamente, "raptus"), sottovalutandone la correlazione con gli aspetti cognitivi che, legandosi alle caratteristiche di tratto (e non di stato) della personalità, rimandano a fattori predisponenti al rischio suicidario a lungo presenti nella vita del soggetto. L'evento impulsivo nasconde invece sempre e comunque un disagio antico, lungo a volte quanto la vita stessa della vittima.

Ci si toglie la vita solo quando la propria situazione esistenziale è così drammatica da non lasciare alternative.
Perché ciò possa valere incondizionatamente, dovremmo possedere un metro di giudizio del valore e dell'attaccamento alla vita applicabile universalmente. Invece, anche se è stato spesso dimostrato che la certezza di avere una malattia irreversibile – come recentemente è accaduto per i malati di Aids [1; 2] – comporta un aumento del rischio suicidario, non tutte le persone affrontano simili circostanze di vita nello stesso modo (ciò che conta sono le differenti capacità individuali di farvi fronte). È poi forse superfluo ricordare che il suicidio è comune anche tra persone che non si trovano in circostanze di vita così drammatiche e prive di alternative.

Chi ha paura del suicidio non si toglie la vita.
Molti pensano che buona parte delle persone che tentano di uccidersi lo fanno solo per attirare un po' di attenzione su di sé, ma che in fin dei conti non hanno il coraggio di an-

dare fino in fondo; specularmente, si ritiene invece che chi vuole veramente suicidarsi lo fa e basta. Ciò è contraddetto da dati epidemiologici che dimostrano come oltre due terzi dei suicidi avessero precedentemente comunicato il proprio intento [3].

Se uno vuole davvero uccidersi, prima o poi lo farà.
È il convincimento di chi ritiene che l'ideazione suicidaria sia un processo ineludibile, impermeabile a qualsiasi evento, un tarlo nero che scava senza sosta nell'animo dello sventurato. Se è vero – per riferirci al segnale abitualmente considerato come il più preoccupante – che chi ha tentato di suicidarsi corre un rischio non irrilevante di morire per suicidio nei mesi e negli anni successivi, è altrettanto vero che ciò che lega questi due eventi è un processo dolorosamente laborioso, ma non necessariamente lineare, sul quale si può intervenire per mutarne l'esito.

La tendenza al suicidio è ereditabile.
Come ho detto nel primo capitolo, gli studi condotti su gemelli monozigoti che hanno proposto questa ipotesi sono stati oggetto di fondate critiche sul piano sia teorico che metodologico [4]. Spesso l'opinione pubblica confonde il termine "familiarità" con quello di trasmissione genetica: si tratta invece di due concetti profondamente diversi. Ciò che può influenzare un atto come il suicidio – in questo senso si può parlare di *familiarità* – è un modello adattativo e comportamentale culturalmente trasmesso dai genitori e più in generale dall'ambiente familiare. Non possiamo, di contro, scordarci che un gran numero di persone che si sono tolte la vita non avevano alcuna storia familiare di suicidi.

Non bisogna parlare di suicidio con una persona depressa, potrebbe facilitare la sua tendenza a compierlo.
Troppo spesso l'ideazione suicidaria è vissuta con vergogna, il che rischia di isolare ancor più la persona e di farla sentire anomala. In questo modo i suoi problemi non possono che ingigantirsi, apparendo insolubili. Il parlarne, superando l'inevitabile diffidenza e riottosità, non può che sollevare la persona da una penosa sensazione di incomunicabilità: comunicare il suicidio può significare, in questa situazione, infrangere un tabù, costringere a pensare ai propri problemi senza l'alibi del vissuto di anormalità.

Se dunque sono ricorrenti nell'opinione pubblica pregiudizi e luoghi comuni riguardanti il suicidio, anche tra i professionisti – ovvero coloro i quali a vario titolo si interessano per loro mestiere delle condotte suicidarie – alcuni equivoci possono essere presenti.

La maggioranza delle persone che hanno tentato di suicidarsi una prima volta tenterà di nuovo.
Non è proprio così: il 66 per cento delle persone che si sono tolte la vita non lo avevano mai tentato in precedenza (anche se, come ho già detto, una buona parte di loro per molto tempo ha avuto idee suicide). Se il quadro di riferimento di chi opera in questo campo è costituito da coloro che gli inglesi chiamano *repeaters*, non può che essere limitato: la prevenzione, in questo caso secondaria, è dunque ancorata a questa scomoda consapevolezza.

Se si nota un miglioramento nelle condizioni di chi ha tentato il suicidio vuol dire che il suo rischio suicidario è diminuito.
In questi casi è d'obbligo una grande cautela. Come hanno suggerito William Fremouw e i suoi colleghi [5], se il miglioramento dei segni di una depressione fa pensare a un decorso clinico favorevole, può anche riguardare però chi si sente finalmente sollevato per aver preso la decisione finale. È quindi buona regola per l'operatore sanitario o sociale l'insistere nell'interrogare il paziente riguardo alla sua ideazione suicidaria anche quando la sintomatologia sta sfumando.

Vi sono due tipologie di condotte suicidarie: quella cui appartiene chi ha una vera determinazione a morire e quella cui appartiene chi vuole solo manipolare gli altri.
Si tratta di un tipico esempio di semplificazione: le persone con condotte suicidarie – in special modo gli adolescenti – non sono mai prive di ambiguità e non si possono quindi classificare secondo comode dicotomie. Vi sono persone che, pur dimostrando una ben radicata intenzionalità suicida, lanciano appelli flebili per essere salvati; al contrario, vi sono persone che, pur reiterando una condotta suicidaria smontata da aspetti manipolatori, possono inaspettatamente scegliere una modalità autolesiva senza scampo.

L'ideazione suicidaria, il tentato suicidio, il suicidio completato rappresentano un "continuum" della severità di una condizione psicopatologica.
Come è stato detto nel primo capitolo, il pensare alla morte è una delle esperienze più comuni della nostra esistenza. Tuttavia non è scontato che chi ha un'ideazione suicidaria abbia precedentemente nella sua vita pensato alla morte in modo significativo (ciò vale a maggior ragione per gli adolescenti), né si può affermare che chi tenta il suicidio abbia avuto un'ideazione suicidaria. Ancor maggior differenza vi è tra chi tenta il suicidio e chi si toglie la vita: come già riportato, i suicidi sono più spesso maschi e anziani, chi tenta è più spesso giovane e femmina. Ancor più criticabile appare la tesi che vede nel suicidio il culmine di un processo psicopatologico iniziato dall'ideazione suicidaria: ciò contrasta sia con le evidenze sopracitate a proposito della scarsa frequenza del passaggio da ideazione a tentativo a suicidio completato, sia con il riconoscimento dell'esistenza del suicidio razionale.

Caratteristiche individuali e fattori di rischio che influenzano il suicidio tra gli adolescenti

Cercando di chiarire gli equivoci e di scoraggiare le semplificazioni, mi accorgo però di incorrere nello stesso errore di chi è solo in grado di dire ciò che non si deve fare o pensare riguardo alla prevenzione del suicidio senza avanzare proposte. Per parlare di valutazione del rischio suicidario, bisogna invece capovolgere, io credo, questa logica in negativo e indirizzarla positivamente verso una visione più pragmatica e concreta.

Insomma, pur dando per scontati i limiti conoscitivi e operativi insiti nella materia che sto trattando, voglio cercare di rispondere a una questione centrale: il rischio suicidario è predicibile? Accetto questo punto di domanda come una sfida e – pur mettendo in conto di non riuscire a soddisfare completamente i più esigenti tra i miei lettori – cercherò di prefigurare una serie di possibili scenari e di relative concrete soluzioni.

Per rispondere alla sfida, scelgo di partire dai fattori di rischio suicidario più importanti per gli adolescenti al di fuori di quelli riguardanti le caratteristiche psicopatologiche e di personalità già trattate nel primo capitolo.

Caratteristiche relazionali, comportamentali e cognitive

È noto che la *solitudine* rappresenta una delle condizioni più ricorrenti tra i giovani suicidi; occorre tuttavia ricordare che la solitudine è qui intesa come isolamento sia emotivo che sociale. Alcuni autori hanno infatti dimostrato che ciò che pesa di più nella vita di un adolescente con condotte suicidarie non è tanto il non avere rapporti amicali, quanto piuttosto il non avere veri amici con i quali potersi confidare e sui quali confidare [6; 7]. Quando nelle nostre ricerche domandiamo ai ragazzi se e quanti amici hanno, rispondono molto spesso di averne molti, ma se poi gli chiediamo i nomi di quelli con i quali si sentono regolarmente al telefono o ai quali confiderebbero un segreto, la risposta diventa subito vaga. Dunque, ciò che è importante indagare per verificare l'esistenza di un eventuale elemento di rischio non è tanto la generale percezione di isolamento sociale, di solito in un giovane abbastanza approssimativa e superficiale, quanto piuttosto la reale dimensione del sostegno sociale, affettivo ed emotivo che si accompagna alla rete amicale.

L'isolamento può assumere negli adolescenti a rischio suicidario connotati ancor più drammatici: molti di loro (comunque un numero maggiore rispetto ai coetanei che non hanno manifestato alcuna condotta autolesiva) hanno subito il trauma dell'abbandono in tenera età [8], mentre la solitudine ha portato altri all'abuso di alcol o di sostanze stupefacenti [9].

Molti autori concordano nel segnalare tra questi adolescenti seri problemi di adattamento e rendimento scolastico: Peck, per esempio, ha dimostrato che almeno il 50 per cento di essi aveva avuto notevoli difficoltà di apprendimento scolastico [10].

Un'altra caratteristica comportamentale di grande interesse per lo studio degli adolescenti ad alto rischio suicidario è rappresentata dai frequenti *abbandoni e fughe da casa*. Stiffman [11], una ricercatrice americana, ha calcolato che nella città di St. Louis oltre il 30 per cento dei giovani scappati dalla loro casa aveva tentato il suicidio; più in particolare, tra questi giovani (si tratta soprattutto di ragazze) l'abuso di alcol e di droghe era significativamente più frequente rispetto ai coetanei che non avevano avuto precedenti suicidari.

Vorrei segnalare un ulteriore aspetto spesso poco citato dalla letteratura, ma di grande impatto anche tra i giovani italiani. Si tratta di quegli adolescenti che, allontanandosi precocemente e traumaticamente dalla famiglia, si rifugiano in sette religiose di varia ispirazione: recentemente alcuni ricercatori canadesi hanno sottolineato l'alta percentuale di tentati suicidi tra i ragazzi affiliati a questo tipo di congreghe [12]. Insicurezza e labilità psicologica, tipiche di chi ricerca surrogati parentali in figure carismatiche – i guru o i santoni che governano tali sette – si sommano in questi casi a fattori ambientali e familiari di per sé fortemente predisponenti a condotte autodeprezzanti e autolesive.

Accanto alle caratteristiche comportamentali, gli stili cognitivi ricoprono un ruolo di grande importanza nelle dinamiche psicologiche che possono portare a una condotta suicidaria. Molti autori hanno evidenziato alcune caratteristiche cognitive dell'adolescente suicida: il loro pensiero appare sovente come polarizzato, formato dall'abitudine a procedere per dicotomie, rigido e inflessibile. Ciò produce una notevole difficoltà nella soluzione dei problemi [13; 14] perché, come suggeriscono Berman e Jobes [15], induce il soggetto a ragionare utilizzando una scarsa varietà di alternative e, dunque, impulsivamente.

Infine, Tishler e i suoi collaboratori [16] hanno riscontrato che gli adolescenti con tendenze suicidarie dimostrano una spiccata incapacità di esercitare un controllo sul proprio ambiente, il che può portare in qualche caso a una carenza nella formazione del pensiero razionale, con evidenti spunti di tipo interpretativo-psicotico. Tuttavia questi ultimi rilievi, pur interessanti dal punto di vista descrittivo, non ci permettono di distinguere tra cause ed effetti: è difficile infatti saper dirimere se sia la caratteristica cognitiva (carenza di controllo sull'ambiente) a produrre comportamenti suicidari o se non sia tale condotta a comportare un progressivo scollamento dalla realtà.

Caratteristiche familiari

La famiglia dell'adolescente suicida è oggetto di studio da molti anni: diversi autori hanno dimostrato che essa è caratterizzata da una minor coesione interna (in termini relazionali) e dall'essere affettivamente meno coinvolgente rispetto a quella di ragazzi coetanei appartenenti al gruppo di controllo [17; 18]. Secondo l'opinione di due noti ricercatori americani, Pfeffer [19] e Shafii [20], suffragata da una serie di studi sulle famiglie di adolescenti suicidi, esse possono essere descritte secondo due tipologie:

a) la *famiglia stressata*, ovvero quella nella quale eventi negativi (perdita di parenti o amici, morte, separazione o divorzio) hanno comportato una serie di cambiamenti nelle relazioni interne, con pesante ricaduta negativa sul livello di supporto emozionale all'adolescente;

b) la *famiglia problematica*, la cui disfunzione è originata dall'accumulo di problemi psicopatologici (presenza di soggetti affetti da depressione, da abuso di alcol o di sostanze stupefacenti); molto spesso in queste famiglie si registrano casi di violenza nei confronti dei minori (compresi la molestia e l'abuso sessuale).

Eventi stressanti e sessualità

È evidente che la ricerca sugli eventi stressanti tra gli adolescenti suicidi offre, data la loro giovane età, una possibilità minore, rispetto a quella condotta tra gli adulti, di verificare la possibile relazione con la condotta autolesiva. Tuttavia, le indagini che hanno esplorato questo aspetto hanno prodotto risultati interessanti. Secondo alcuni autori [21; 22; 23], gli adolescenti che hanno tentato il suicidio hanno vissuto, nei sei mesi precedenti all'atto, un evento significativamente negativo: in particolare, nella ricerca compiuta da Rubenstein e dai suoi colleghi [24] è emerso che il livello di stress misurato in un campione di studenti delle scuole medie superiori con condotte suicidarie era di un terzo superiore al campione di controllo. Come più volte ricordato, le esperienze traumatiche (*stressors*) più comuni sono la separazione o il divorzio dei genitori o, anche, la nuova unione sentimentale di uno dei due; ma anche un ambiente familiare che, pur non arrivando a ciò, sia oppresso da un costante clima di tensione può costituire un fattore così stressante da indurre nell'adolescente sentimenti di rifiuto, vissuti di mancanza di sostegno affettivo che, a loro volta, possono produrre una carenza di autostima tale da provocare comportamenti controaggressivi. Il circolo vizioso che ne deriva riduce le capacità del giovane di risolvere i problemi e le situazioni negative, portandolo a colpevolizzarsi e a introvertere sentimenti e tendenze al riscatto personale e sociale.

Tra le ragioni che causano negli adolescenti un livello di stress correlabile alle condotte suicidarie grande rilievo e notevole interesse ha, ancorché poco esplorata, la sfera della sessualità e più in particolare dell'*omosessualità*. In un'indagine condotta qualche anno fa nel nostro paese dall'Arci-Gay è emerso infatti che la maggioranza dei portatori di un'ideazione suicidaria avevano vissuto traumaticamente la scoperta della propria omosessualità o avevano subito molestie sessuali a causa di tale condizione [25]. Questo dato riconferma quanto emerso dalla nota indagine compiuta da Bell e Weinberg [26] negli Stati Uniti: mentre tra gli eterosessuali maschi la percentuale di tentati suicidi era del 3 per cento, tra gli omosessuali essa saliva al 18 per cento; tra le omosessuali era del 23 per cento, tra le eterosessuali del 14 per cento. Quanto più il campione è giovane, tanto più queste percentuali trovano conferma: un'altra indagine americana compiuta su un campione intorno ai 20 anni dimostra infatti che i tentati suicidi riguardano il 32 per cento dei soggetti indagati. Gli eventi stressanti che legano l'omosessualità alle condotte autolesive sono diversi secondo i sessi: tra le giovani donne il trauma è legato soprattutto alla rottura di una relazione, mentre tra i maschi riguarda più spesso la scoperta della propria condizione e il conflitto che essa ha comportato con i genitori; ciò fa sì che vi siano differenze anche rispetto all'età in cui le prime condotte autolesive si evidenziano (più precoci per i maschi). Un'analisi più dettagliata di questi soggetti mette in luce una serie di caratteristiche interessanti: molti fra loro avevano sofferto di problemi legati alla propria sessualità fino a subire molestie e abusi, frequentemente avevano vissuto un'infanzia profondamente infelice e isolata.

Un altro aspetto sovente dimenticato della vita sessuale dell'adolescente a rischio suicidario riguarda la confusione tra le *identità sessuali*. Solitamente si ritiene che essa nasca con l'emergere del vissuto della propria omosessualità che trova – nella nostra società eterosessuale – enormi ostacoli per una comprensione vera, al di là di un'accettazione normalizzatrice. Vi è tuttavia un'altra faccia da indagare: quella della transessualità. Si tratta di un'area in cui ben poche ricerche si sono addentrate: tuttavia, dai pochi dati finora raccolti, risulta che i transessuali i quali vivono ancora nella condizione di maschi tentano il suicidio assai più frequentemente sia dei transessuali viventi già nella condizione di femmine sia degli omosessuali maschi [27]. La stima della frequenza di tentati suicidi tra i transessuali effettuata da ricerche inglesi e americane indica un'incidenza del fenomeno più che doppia rispetto a quella calcolata tra gli omosessuali sia femmine che maschi: raggiunge infatti il 50-60 per cento dei soggetti indagati [28; 29].

Come è stato più volte indicato, le *violenze sessuali* rappresentano, accanto a quelle fisiche, uno degli *stressors* più importanti per lo studio delle condotte suicidarie tra gli adolescenti. Molte ricerche hanno infatti messo in luce una forte correlazione tra episodi di violenza fisica subita durante l'infanzia o la prima adolescenza e condotte autolesive compiute negli anni successivi [30; 31]. In una di queste indagini [31] è infatti emerso che il 60 per cento di un campione di adolescenti australiani che avevano tentato il suicidio aveva subito una violenza fisica contro il 4 per cento del campione di controllo. Tuttavia, dal punto di vista della valutazione del rischio suicidario, è più utile analizzare questi dati nel senso opposto: si scopre così che l'86 per cento degli adolescenti oggetto di violenza fisica hanno tentato il suicidio negli anni immediatamente successivi, contro il 14 per cento di coloro che non hanno subito tale evento traumatico. In altre parole, si può affermare che il rischio di tentare di uccidersi è 6 volte più alto per chi ha subito violenza fisica rispetto a chi non l'ha subita. Tale violenza rappresenta un elemento di rischio suicidario di grande importanza anche se la si raffronta con altri eventi stressanti centrali per un adolescente come, per esempio, l'abbandono.

L'*abuso sessuale* è stato al centro dell'interesse di molti ricercatori impegnati nello studio dei fattori di rischio del suicidio adolescenziale. Herman e Hirschman hanno messo a confronto un gruppo di donne che avevano subito un rapporto incestuoso con il padre con un gruppo di donne oggetto di una violenza sessuale non incestuosa: nel primo la percentuale di tentati suicidi è stata del 38 per cento, nel secondo del 5 per cento [32]. Altri autori ancora sostengono che uno degli eventi che più frequentemente influenza la condotta suicidaria delle ragazze tra i 14 ai 16 anni d'età è proprio l'abuso sessuale [33]. Tali ricerche sono comunque molto difficili dal punto di vista metodologico, in quanto è assai difficile circoscrivere un solo fattore di rischio dal momento che le famiglie di queste adolescenti sono multiproblematiche (conflitti interni, alcolismo, violenza fisica).

Analogamente, le pochissime ricerche sul fenomeno della violenza sessuale hanno dimostrato quanto essa possa influire sulle condotte suicidarie degli adolescenti [34; 35].

Un altro evento ricorre nelle storie di giovani donne che hanno tentato il suicidio: la *gravidanza non voluta o rifiutata.* Si tratta, anche in questo caso, di indagini molto difficili sul piano metodologico, in quanto la definizione di "gravidanza non voluta" o di "gravidanza rifiutata" è assai laboriosa e suscettibile di interpretazioni differenti. Un dato comunque emerge con chiarezza: la maggioranza delle ragazze (l'età media segnalata dalle ricerche supera difficilmente i 18 anni) che hanno cercato di uccidersi a seguito – pur con intervalli di tempo variabili – di una gravidanza inaspettata provengono da classi sociali medio-alte, sono di religione cattolica e non sono sposate [36]. Anche i dati epidemiologici concordano nel conferire a tale evento una notevole importanza nelle dinamiche individuali che portano un'adolescente a tentare il suicidio: infatti le condotte suicidarie tra le ragazze incinte sono 6 volte più frequenti che tra le non gravide [37]. In particolare, due sarebbero i periodi a rischio maggiore: le prime settimane dal ritardo mestruale e il post-partum.

È interessante infine notare che quanto detto a proposito delle giovani che tentano il suicidio non trova conferma quando si studiano le donne che si tolgono la vita: sembra infatti che l'essere incinta o l'aver appena partorito rappresentino due fattori inibitori del suicidio, esattamente al contrario di quanto avviene per le ragazze che lo tentano. Ciò è ulteriormente confermato anche dai metodi più utilizzati, comprensibilmente diversi: impiccagione o uso di arma da fuoco per quelle che si uccidono, farmaci per le adolescenti che tentano di farlo.

La predicibilità del suicidio. Alcuni problemi metodologici

Analizzati luoghi comuni ed equivoci, illustrati i principali fattori di rischio di suicidio per gli adolescenti, possiamo affrontare ora alcune questioni cui avevo accennato all'inizio del capitolo. Il suicidio (o il tentato suicidio) è un evento prevedibile? Se sì, quali sono i problemi metodologici di cui occorre tener conto? E infine, in che modo possiamo agire?

La valutazione della predicibilità delle condotte suicidarie è stata oggetto di un gran numero di studi e ricerche; diversi sono i tentativi di sistematizzare e riassumerne i risultati: farò qui riferimento ad alcune tra le rassegne più recenti [38; 39; 40].

Occorre premettere che la difficoltà della ricerca in tale campo è legata a una serie di problemi metodologici che rendono spesso le conclusioni parziali e contraddittorie. Perché un fenomeno possa essere predicibile deve essere statisticamente frequente, altrimenti – come per le condotte suicidarie – è necessario allargare di molto la base della popolazione sulla quale si intende svolgere l'indagine: se sappiamo che in una certa popolazione l'incidenza del suicidio è di 10 per 100.000 persone in un anno, dovremmo studiare qualche centinaia di migliaia di soggetti per avere una base statisticamente sufficiente a verificare l'eventuale predicibilità del fenomeno. Questo problema è stato in parte superato considerando popolazioni specifiche ad alto rischio di suicidio (per esempio, coloro che hanno già tentato di togliersi la vita), in modo da rendere possibile una drastica diminuzione del denominatore su cui lavorare.

Un secondo problema metodologico riguarda la durata dell'indagine (o dell'osservazione clinica); i comportamenti suicidari sono correlati a fattori spesso ad andamento cronico (disturbi psichici, alcolismo, degrado sociale, ecc.): la necessità di osservarli impone dunque spesso tempi lunghi d'indagine (ricerche longitudinali) che implicano dovizia di risorse finanziarie e umane. Inoltre tali fattori, per quanto ad andamento cronico, non sono inalterabili nel tempo: qualcuno di essi potrebbe modificarsi a seguito di un intervento (per esempio la cura della dipendenza alcolica) e quindi abbassare il livello di rischio suicidario. È chiaro dunque che le condizioni soggettive che guidano il giudizio di predicibilità possono variare nel tempo aumentando o diminuendo il grado di rischio specifico.

Un terzo problema metodologico riguarda la capacità predittiva delle nostre indagini: poniamo di voler identificare le persone che hanno un'alta probabilità di morire per suicidio nell'arco dei prossimi dodici mesi; a questo scopo prendiamo una popolazione che ha già tentato il suicidio, sapendo che il tasso di letalità (ovvero il numero di persone che moriranno per suicidio) è di 1 per 100. Ciò implica che per poter predire 10 suicidi dobbiamo considerare 1000 soggetti a rischio. Orbene, dal momento che le nostre capacità predittive funzionano al più all'80 per cento, vuol dire che saremo in grado di predire al massimo 8 suicidi su 1000. È evidente dunque che il rapporto tra il numero delle persone che devono essere tenute in considerazione come campione sperimentale e quello dei possibili eventi da prevedere è molto sfavorevole sia per il ricercatore sia, a maggior ragione, per il clinico che deve agire preventivamente.

Dall'analisi di questi problemi metodologici emerge con chiarezza che la predicibilità delle condotte suicidarie è più facilmente praticabile nei confronti di gruppi di soggetti piuttosto che di singoli individui. Se da un lato ciò rende probabilmente più facile il compito del ricercatore, dall'altro non aiuta certamente quello del clinico e del terapeuta.

La comunicazione del rischio: modalità per un intervento precoce

Consci dei limiti operativi e metodologici che la predittività delle condotte suicidarie contempla, vediamo qual è il contesto nel quale l'intervento preventivo precoce può essere attuato e quali sono le priorità da tenere in considerazione.

Parliamo dunque innanzitutto della *comunicazione del rischio*. Come ho già detto più volte non tutti gli adolescenti comunicano esplicitamente la propria ideazione suicida, né la propria intenzionalità; d'altra parte non sempre un soggetto così giovane è realmente cosciente di quello che fa o vorrebbe fare. Il problema principale nasce comunque dal fatto che, anche qualora la comunicazione del rischio avvenga – seppur con modalità non chiare e non direttamente interpretabili –, non sempre essa viene presa in considerazione con la dovuta serietà dalle persone alle quali l'adolescente si rivolge. Il punto fondamentale per qualsiasi programma di valutazione del rischio e di intervento è dunque rappresentato dall'ottimizzazione della capacità di ascolto e dalla sensibilità di osservazione delle *persone-chiave* nei confronti di *quel* determinato soggetto. Trattandosi di adolescenti, le *persone-chiave* sono di solito amici, genitori o insegnanti, comunque assai raramente persone che hanno una preparazione professionale in grado di stimare il rischio suicidario e di intervenire di conseguenza. Come hanno dimostrato Brent e i suoi colleghi, circa la metà del campione di adolescenti suicidi preso in esame aveva comunicato la propria intenzione di togliersi la vita solamente a un coetaneo o al proprio fratello o sorella [41].

È dunque estremamente importante che anche i non addetti ai lavori possano avere la possibilità di conoscere gli elementi fondamentali per un intervento precoce, per poi mettere in grado di agire chi sa e deve.

Il contesto in cui la *comunicazione del rischio suicidario* avviene può variare notevolmente. Il più delle volte un genitore o un insegnante riferisce al medico di famiglia o a uno psichiatra il caso di un adolescente solo quando questi manifesta evidenti segni depressivi o un comportamento strano e impulsivo o quando – ma, come ho appena detto, si tratta di casi rari – il giovane fa espliciti riferimenti al suicidio. D'altra parte, come hanno dimostrato Carlson e Cantwell [42], la pur provata esistenza di una forte correlazione tra uno stato depressivo e una ideazione suicidaria non implica che vi sia un altrettanto forte rapporto tra l'associazione di questi due fattori e una futura condotta suicidaria. In altre parole, l'esistenza in un adolescente di una sintomatologia depressiva – seppure tanto marcata da indurre un'ideazione suicidaria – non è di per sé sufficiente a comprovare un reale rischio suicidario.

Per identificarlo precocemente in modo efficace occorre basarsi su una serie di livelli di valutazione, ciascuno dei quali è caratterizzato, oltre che da uno specifico grado di rischio, anche da una particolare comunicazione di esso.

Per illustrare tale procedura utilizzerò uno schema simile a quello usato sia da Rotheram [43], sia da Blumenthal e da Kupfer [44], sia da Berman e Jobes [45].

Il rischio imminente

Il rischio suicidario deve essere innanzitutto valutato rispetto al tempo entro il quale il soggetto può passare all'atto: occorre cioè valutare se si tratta di un rischio imminente o no. Per farlo è necessaria la concomitanza di almeno uno tra i fattori di rischio più frequenti (una storia familiare di precedenti suicidi, il suicidio di un coetaneo, l'uso di stupefacenti) con alcune tra le caratteristiche sociali e cliniche più influenti: il comportamento impulsivo-compulsivo (*acting-out*), l'isolamento sociale e affettivo, la sintomatologia depressiva, la presenza di uno stato di "crisi" adolescenziale correlata a un comportamento irrazionale e anaffettivo.

Punto fondamentale per giudicare l'imminenza del rischio suicidario in un adolescente è, come ho detto, l'analisi della comunicazione di tale rischio. Nonostante i ragazzi utilizzino assai meno degli adulti le modalità più comuni in queste circostanze (molto raramente lasciano o fanno trovare messaggi scritti, bigliettini, pagine di diario), non per questo vanno sottovalutati alcuni indizi meno tradizionali: può capitare infatti che un insegnante legga un tema in cui si fa esplicito riferimento alla morte o una poesia nella quale si parli della stanchezza o della paura di vivere o del mondo dell'aldilà. Anche se si tratta di temi generali, anche se non vi sono riferimenti personali, non per questo tale comunicazione deve essere sottovalutata.

Vi possono poi essere – anzi, tra gli adolescenti è assai più probabile – comunicazioni non scritte in grado di mettere l'interlocutore in allerta: può succedere che a un amico/a venga rivelato un sogno carico di avvertimenti, un insegnante o un genitore può accorgersi dell'improvvisa e insistente curiosità nei confronti della morte, del morire, del dopo-morte.

In questi casi l'interlocutore (chiunque esso sia, amico, genitore, insegnante) *non deve mai* limitarsi a osservare, a registrare tali segnali, ma deve trovare il coraggio, pur senza drammatizzare la conversazione, di indagare più in profondità quanto ha letto o ha ascoltato. È importante infatti esplorare l'eventuale connessione tra la componente generica della comunicazione (il parlare o lo scrivere della morte in generale senza alcun riferimento a persone) e quella specifica (l'eventuale produzione da parte dell'adolescente di una ideazione suicida). Tale collegamento è indispensabile in quanto la prima parte della comunicazione (la parte generica) è di solito quella che viene esplicitata, mentre la seconda (la parte specifica) raramente viene esternata; tuttavia è dalla compresenza di queste due componenti della comunicazione che si può determinare la realtà di un rischio imminente. Infatti, un segno inequivocabile di esso è rappresentato dall'ulteriore passaggio dall'ideazione alla programmazione o addirittura alla pianificazione dell'atto. Si tratta in quest'ultimo caso, l'esistenza di un piano *ad hoc*, di una componente della comunicazione estremamente coartata, profondamente nascosta nella coscienza e proprio per questo foriera di un rischio imminente.

La comunicazione del rischio non avviene solo attraverso l'uso della scrittura o della parola, ma anche attraverso il comportamento che, comunque, deve essere sempre contestualizzato e valutato congiuntamente alle altre forme comunicative. La tendenza di un adolescente all'aggressività e all'impulsività deve essere interpretata come un potenziale fattore di rischio soprattutto se il soggetto non dimostra alcuna capacità di autocontrollo (ciò è tipico, per esempio, dei tossicodipendenti). Anche un rapido e un apparentemente immotivato cambiamento dell'umore (dall'estroversione all'introversione, dalla depressione all'eccitazione) può e deve entrare tra gli elementi da prendere in considerazione per valutare l'imminenza del rischio suicidario.

Un altro comportamento frequentemente interpretato come spia di rischio suicidario è un precedente tentativo di uccidersi; ovviamente, il rischio si aggrava in ragione della brevità del tempo trascorso, del grado di intenzionalità e del livello di letalità dell'atto.

Infine, vi possono essere altri comportamenti inusuali che devono ugualmente attrarre l'attenzione dell'interlocutore: per esempio, per un adolescente il liberarsi di un oggetto amato (i giochi, la bicicletta, la scatola dei colori) può significare un allontanamento affettivo dalla vita che può preludere a una intenzionalità o addirittura alla volontà di attuare un progetto suicidario imminente.

Letalità e intenzionalità dell'atto

In campo suicidologico è oltremodo difficile poter con sicurezza decidere quali sono gli indicatori del livello di letalità di un gesto, inteso come l'effettiva possibilità dell'atto di andare a segno: il concetto di letalità si applica infatti solamente in rapporto a un atto e non a una ideazione o a un progetto suicidario.

Diverse ricerche hanno tentato di indagare questo specifico aspetto e di mettere a punto strumenti finalizzati a misurare il grado di letalità e a fornire sia al ricercatore sia al clinico la possibilità di un giudizio oggettivo. Tra i diversi autori che si sono cimentati in questo tipo di indagini, Smith, Conroy ed Ehler [46] hanno prodotto una scala in grado di indicare, attraverso un punteggio compreso tra 0 e 10, la possibilità di quell'atto di essere effettivamente letale. Come alcune altre scale illustrate in letteratura – la Suicide Intent Scale [47] o la Suicide Assessment Scale [48] –, quella di Smith, Conroy ed Ehler si basa sull'analisi sia del metodo utilizzato, sia della potenziale letalità dei farmaci ingeriti, sia delle circostanze dell'atto (vicinanza o meno di parenti o amici, ora del giorno o della notte). Solo una combinazione tra questi elementi si può tradurre in un giudizio sulla severità del rischio suicidario.

È importante a questo punto distinguere tra *letalità* e *intenzionalità*: una forte e decisa intenzionalità può comportare un'alta letalità del gesto suicida, anche se, specie nel caso di persone molto giovani, una determinazione ben radicata (cioè una sicura intenzionalità di morire) può condurre a un atto non letale solo per insipienza (per esempio riguardo alla effettiva tossicità della sostanza ingerita). In questo caso, pur trovandoci di fronte a una bassa letalità del gesto, ciò che alza il grado del rischio è l'intenzionalità del soggetto. In generale si può affermare che in un adolescente l'intenzionalità è alta quando l'obiettivo è di porre fine a un'esistenza dolorosa o insensata, mentre la letalità è alta quando si vuole raggiungere una persona cara deceduta o si desidera "andare nell'aldilà, raggiungere il paradiso". In altre parole l'intenzionalità è legata a una realtà concreta e vicina, mentre la letalità ha a che vedere con la ricerca di un oggetto astratto, con il raggiungimento di un desiderio o di una fantasia.

La valutazione del rischio suicidario in un adolescente: consigli pratici per un operatore sanitario

Fin qui ho parlato della comunicazione del rischio suicidario immaginando un interlocutore privo di una specifica preparazione professionale in questo campo. Vorrei ora riassumere alcune caratteristiche soggettive e contestuali che, secondo Richman [49], possono aiutare chi opera in qualità di clinico o comunque di operatore di un servizio sanitario a valutare la reale dimensione del pericolo di morte per suicidio di un giovane:

a) l'esaurimento delle forze personali, della speranza e delle energie dell'adolescente, la sconfitta delle sue abituali difese;

b) l'esaurimento delle forze familiari;

c) uno stato di stress intollerabile;

d) la percezione del suicidio come una soluzione praticabile.

La presenza di uno o più tra questi elementi può costituire per il clinico la spia che si accende per segnalare il pericolo, ma non è sufficiente a determinare il livello del rischio. A questo proposito è consigliabile un criterio di valutazione empirico. Quello che viene qui proposto, suggerito da Berman e Jobes [50], è un modello a tre livelli, corrispondenti a diverse entità di rischio.

Livello A (rischio medio). Viene descritto come "una situazione in cui bisogna alzare la bandiera rossa": si tratta del caso in cui il clinico ravvede nella vita del giovane la presenza di uno dei fattori di rischio o diagnostica una condizione comportamentale psicologicamente a rischio. In altre parole questo livello comprende le situazioni propedeutiche all'atto, senza che vi sia una effettiva comunicazione del rischio stesso.

Livello B (rischio alto). In questo caso il rischio cresce drammaticamente: il giovane manifesta esplicitamente desideri di morte, a volte di suicidio vero e proprio. Qui la comunicazione ha un grosso peso: si possono raccogliere segnali precisi fatti di parole, scritti, disegni. Il giovane tende a identificarsi con la morte o con persone morte. Occorre ricordare che in sé l'ideazione della morte non costituisce necessariamente un rischio serio: il problema si acuisce quando si possono scorgere i segni del passaggio dall'ideazione all'atto.

Vi sono inoltre due variabili che possono aiutare il clinico a valutare la presenza di questo livello alto di rischio: la prima riguarda una caratteristica cognitiva del soggetto, la presenza di una modalità espressiva di pensiero dicotomica, denotata da una visione del mondo rigida (per illustrare queste situazioni si usano i termini di "miopia psicologica" o di "visione a tunnel"); la flessibilità o una posizione di compromesso sono assolutamente assenti dal modo di pensare e di agire di questi soggetti.

Livello C (rischio imminente). In presenza delle situazioni e delle caratteristiche soggettive e ambientali appena descritte, l'adolescente può passare all'atto quando il metodo prescelto è disponibile o si trova in un luogo accessibile. In un soggetto in cui i controlli degli impulsi non funzionano, il mezzo prescelto costituisce un'attrazione fortissima. Le ricerche dimostrano che chi si uccide sceglie in massima parte un mezzo accessibile, disponibile e culturalmente accettato. Se si escludono i casi di psicosi acuta nei quali il soggetto ha una visione alterata della realtà, in tutti gli altri casi l'adolescente tende a scegliere il metodo più consonante con le proprie caratteristiche psicologiche: l'impulsivo si sentirà attratto da una strada con molto traffico o da un ponte su una linea ferroviaria, il narcisista sceglierà un metodo che non deturperà il proprio corpo.

L'appartenenza a questo livello di rischio, dunque, è in parte verificabile attraverso l'accessibilità e la disponibilità del mezzo utilizzato nell'ideazione o nel piano suicidario, tanto più se il metodo prescelto è indiscutibilmente letale.

6. La torre e il dragone

Il ruolo della scuola nella prevenzione del suicidio

> La scuola dovrebbe ambire a qualcosa di più che limitarsi a far in modo che i suoi studenti non si sentano spinti al suicidio. Dovrebbe insegnare a desiderare la vita e offrire loro supporto e sostegno.
>
> Sigmund Freud, Vienna 1910

Uno dei giochi preferiti dai ragazzi e dalle ragazze delle scuole americane si chiama "la torre e il dragone"; consiste nell'assegnarsi un personaggio nel quale ci si identifica, mentre gli altri devono tentare di smascherarlo per indurlo a svelare la propria vera identità: per farlo il personaggio deve far finta di uccidersi. Viceversa, questi, per difendere il proprio segreto, deve cercare di scoprire quello celato negli altri. Alla fine chi perde non può che scegliere la morte. A volte questo gioco dura settimane e mesi e non infrequentemente termina con la messa in atto di quella tragica pantomima finale.

Nel 1987, secondo McDermott [9], oltre trenta suicidi e più di sessanta omicidi compiuti da adolescenti sono stati direttamente riconducibili a questo gioco e ciò ha fatto sì che molte scuole americane hanno dovuto affrontare questo fenomeno decidendo di proibire drasticamente quel gioco.

Sarebbe certamente riduttivo pensare che il gioco della torre e del dragone sia la *causa* di queste morti, né credo che qualcuno tra quegli insegnanti si sia illuso che vietandolo si sarebbe potuto prevenire il suicidio di qualcuno dei suoi ragazzi.

Il fenomeno è ovviamente più vasto e complesso, tuttavia il gioco della torre e del dragone può essere utilizzato come metafora per affrontare il problema del ruolo della scuola nella prevenzione delle condotte autolesionistiche, funzione che non può certamente essere limitata solo a osservare, a proibire o comunque a intervenire dall'esterno nella vita dei propri allievi.

Per introdurre più concretamente questo argomento ho ritenuto utile proporre la storia di Luca (opportunamente modificata di modo che la sua vera identità non possa essere riconoscibile), ricostruita sulla base di testimonianze e di indizi che mi hanno fatto ipotizzare i comportamenti e gli stati d'animo non pubblici di Luca. La simpatia verso di lui me ne ha fatto assumere il punto di vista.

La storia di Luca

Figlio unico, timido e introverso. Della sua infanzia trascorsa in un piccolo paese in Calabria si sa ben poco, se non che il suo rapporto con i genitori non è mai stato felice. Quando Luca ha poco più di sette anni, la famiglia si trasferisce in una grande città del Nord a seguito del padre, ufficiale dell'esercito.

L'ambientamento non è facile per Luca né per i suoi genitori: la gente del quartiere mostra una certa ostilità nei confronti di quella famiglia di meridionali appartati, così come gran parte dei compagni di gioco non legano con Luca. L'atmosfera è pesante anche in casa; l'unione tra i genitori forse non è mai stata felice ma, un po' per l'orgoglio di provare a se stessi e agli altri che la decisione di emigrare non era stata sbagliata e un po' per paura che il figlio ne soffrisse, non l'hanno mai sciolta. Man mano che Luca cresce, però, queste motivazioni perdono significato e capacità di coesione, fino all'inevitabile rottura. Luca rimane a vivere con la madre, pur mantenendo un buon rapporto con il padre che continua a vedere durante i week-end e i periodi di vacanza.

Da quando si è iscritto, sotto forte imposizione del padre, al liceo scientifico, le cose per Luca peggiorano. A scuola va male, soprattutto in matematica, e con i suoi compagni non ha certo legato, anzi il suo lieve accento meridionale fornisce lo spunto per scherzi e battutine, non sempre scoraggiate dagli insegnanti. Il padre è stato più volte convocato per il cattivo profitto del ragazzo, ma sembra non prendere le segnalazioni sul serio, né ha mai voluto far cenno alla difficile situazione familiare in cui Luca da tempo vive. Una tragica convergenza di silenzi e di omissioni impedisce sempre più a chiunque abbia rapporti con Luca di capirlo e di aiutarlo.

L'esito del primo anno di liceo è pesante: Luca è rimandato a settembre in tre materie, con un quattro in matematica. Passa l'estate in Calabria, al suo paese natale; il padre riesce a fargli fare gli esami di riparazione in un liceo del luogo davanti a una commissione evidentemente amica. Luca è promosso, ma il rientro in classe è ancor più penoso del commiato: l'espediente degli esami truccati ha definitivamente approfondito il solco di diffidenza che lo divide da insegnanti e compagni. Così Luca è sempre più solo.

Un pomeriggio d'inverno, mentre a casa non c'è nessuno, Luca si chiude nel bagno, prende dall'armadietto il flacone di pillole che la madre usa per dormire e ne inghiotte una manciata. La fortuna vuole che la madre rincasi prima del previsto. Con l'aiuto del portiere dello stabile sfonda la porta e Luca è portato al pronto soccorso appena in tempo. Dopo qualche giorno è dimesso per volere del padre. Lo psichiatra, cui durante la breve degenza è stata richiesta una consulenza, raccomanda ai genitori di portare Luca a un servizio di salute mentale almeno per un controllo, ma il consiglio è seccamente respinto da entrambi con la motivazione che avrebbe soltanto peggiorato la situazione e ulteriormente spaventato Luca.

Luca torna a scuola dopo qualche settimana con una giustificazione del padre nella quale si attribuisce l'assenza ai canonici "motivi familiari". Così nessuno ha mai saputo che cosa era davvero accaduto.

Qualche mese più tardi, dopo un lungo periodo di incertezza e smarrimento, Luca prende la decisione di andare a vivere con il padre: è certo una scelta che cova da tempo anche perché la madre ha recentemente allacciato una relazione con un vecchio conoscente del padre, unione che Luca non è riuscito ad accettare né a tollerare.

All'inizio la nuova vita con il padre lo rasserena, ma poi, quando la routine di lavoro torna a dividerli, Luca si trova di nuovo solo. Il suo rendimento scolastico, che pareva leggermente migliorato, torna agli scadenti livelli di sempre.

Luca comincia a bere, dapprima in compagnia, poi anche da solo.

Un giorno, a una festa, incontra Giulia. Per Luca è la prima e sconvolgente passione: si butta in questa relazione con un attaccamento per lui certamente inusitato, abituato com'è ad avere con tutti solo rapporti freddi e occasionali. All'inizio tutto fila bene, ma poi Giulia inizia a preoccuparsi per un legame affettivo che è divenuto rapidamente possessivo e soffocante, certo troppo impegnativo per una ragazzina. Lentamente in lei la paura prevale sull'amore fino a chiedere a Luca una pausa "per pensarci un po' su". Luca non capisce o fa di tutto per non capire. Giulia rappresenta tutto quello che ha: l'unica persona con la quale parlare, alla quale pensare, per la quale sentirsi qualcuno. Per lui Giulia è l'unico angolo di felicità in una vita arida e sconsolante.

La delusione è tremenda, inaspettata e crudele. Né il padre né gli amici – quei pochi che ha – capiscono o sembrano accorgersi del dramma in cui Luca è precipitato. Nelle settimane successive salta molti giorni di scuola e riprende a frequentare il gruppetto di ragazzi con il quale usciva ogni tanto per passare le serate nei bar a bere. Sente il bisogno di qualche cosa che lo distolga da una realtà oppressiva. La casa gli sembra vuota, solo le strade possono contenere la sua rabbia.

Arriva maggio e Luca si è ormai accorto che solo un miracolo gli può evitare l'ennesima bocciatura. È l'ultimo e decisivo compito di matematica. Luca è nervoso, inquieto; dopo un'ora non ha ancora scritto nulla. Cerca di farsi aiutare dal compagno che gli sta davanti il quale però si rifiuta, facendosi notare dal professore che ordina a Luca di consegnare il compito e di uscire dall'aula. Ne nasce uno scambio verbale acceso, rapidamente sedato dall'intervento dei compagni.

Il Consiglio d'Istituto, su proposta dell'insegnante, decide di sospendere Luca e di bocciarlo.

Il padre prende subito le sue parti e cerca di consolarlo dicendogli che poteva tentare gli esami in un'altra scuola o, se lo voleva, tornare in Calabria.

Arriva l'estate e per Luca è la peggiore di tutte. Gli amici, anche gli ultimi rimasti, non lo cercano più. Giulia non è che un sogno definitivamente svanito.

È in quei giorni passati a girovagare che Luca comincia a ripensare alla morte: all'inizio con timore, poi sempre più spesso, quasi ossessivamente. Un sabato sera, quando suo padre è, come al solito, uscito con gli amici, Luca pensa che è arrivato il momento giusto: trangugia tre o quattro lattine di birra, entra nel bagno dove suo padre tiene dei farmaci e svuota una bottiglietta bevendoci sopra ancora qualche goccio. Cade riverso per terra vicino al letto.

È lì che il padre lo trova quando a notte fonda rincasa. Pensa che Luca sia solo ubriaco e profondamente addormentato. Ma non appena si rende conto che respira male e che non può essere solo una sbronza, chiama un suo amico medico che, per fortuna, abita nelle vicinanze. Luca è portato immediatamente in ospedale dove è sottoposto a lavanda gastrica. Rimane ancora qualche giorno ricoverato nel reparto di rianimazione, ma è di nuovo miracolosamente salvo.

Passa qualche altro mese e arriva l'autunno. Luca sembra essersi discretamente ripreso: il trasferimento in Calabria è stato accantonato e si è iscritto a un altro liceo scientifico. Anche la bocciatura a scuola pare essere stata assorbita e i nuovi insegnanti non sono poi così ostili come quelli dell'anno precedente. Il padre ha ancora una volta alzato un muro di silenzio su quanto è accaduto durante l'estate, né gli insegnanti ne sono messi al corrente.

Subito dopo le feste di Natale molti notano in Luca un nuovo brusco peggioramento dell'umore. Certo per lui i periodi di vacanza non hanno mai rappresentato giorni sereni: il dover rivivere un'atmosfera familiare ipocrita lo convince di essere irrimediabilmente diverso da tutti gli altri ragazzi della sua età. Ciò che lo sconvolge non è però solo il periodo di vacanza, ma un evento del tutto inatteso: un avvocato, amico del padre, telefona per informarlo che un giudice lo avrebbe convocato entro qualche giorno per sentirlo in ordine a una vecchia denuncia presentata dal padre di un ragazzo che sostiene di essere stato malmenato nel corso di una lite scoppiata in un bar. Si tratta di un episodio che Luca aveva cancellato dalla memoria, né sapeva che il padre di quel ragazzo lo aveva denunciato.

Per due giorni non vuole andare a scuola e rimane tutto il tempo nella sua camera da letto, convincendo il padre che è stanco e che vuole riposarsi. Scrive una lettera a Giulia, nella quale si legge tra l'altro "... non è vero che l'altra volta ero ammalato, la verità è che sono stufo di vivere, che non ne vedo più il senso. Allora non ci sono riuscito ma questa volta lo farò meglio, così anche i miei si accorgeranno di che cosa sono capace". La lettera finisce con un'ultima supplica "per tutto questo per favore almeno tu non giudicarmi male". Imbuca la lettera direttamente nella cassetta della posta a casa di Giulia, sapendo che l'avrebbe letta solo il giorno successivo, al rientro da una visita a parenti fuori città.

La mattina seguente torna a scuola, ma solo per la prima ora. La passa in totale silenzio come se fosse già altrove. Al suono della campana scompare senza dire niente a nessuno lasciando libri e quaderni sul banco, prende il motorino e va a casa: a quell'ora della mattina sa che non vi avrebbe trovato nessuno. Entra nella sua camera, si sdraia sul letto e vi rimane immobile per qualche ora. Nel primo pomeriggio arriva suo padre trafelato: gli hanno telefonato dalla scuola dicendogli dello strano comportamento del figlio. Luca sembra calmo, certo non sereno. Non vuole cenare e si rifiuta persino di incontrare i compagni di scuola che sono andati a trovarlo, con la scusa che non si sente bene, assicurandoli però che l'indomani sarebbe puntualmente tornato in classe. Rincuora il padre dicendogli di non preoccuparsi perché è solo un po' di stanchezza. Lo bacia e va a dormire.

Quella notte, a un'ora in cui il padre si è ormai addormentato, Luca scende piano le scale, entra nello sgabuzzino, toglie la pistola d'ordinanza del padre dal fodero, prende le chiavi della macchina parcheggiata davanti a casa. Vi entra e vi rimane per un po' a fumare e a bere un po' di birra.

Il padre, come tutti i vicini, si sveglia al rumore dello sparo. Poi un silenzio terribile, come se la vita di tutti si fosse interrotta per un attimo.

Quando il padre si precipita dalle scale senza nemmeno il fiato per gridare, tutti hanno già capito.

Provo a immaginare la possibile reazione di un insegnante alla lettura della storia di Luca: potrebbe pensare che questa tragica vicenda rappresenti un caso limite, drammaticamente diverso e lontano dalle vite ordinarie dei ragazzi e delle ragazze che tutti i giorni gli/le siedono di fronte, quindi assolutamente inutilizzabile come esempio per costruire una riflessione o un approfondimento sul tema delle condotte autolesive tra i giovani. Questo insegnante potrebbe ritenere non solo che tali comportamenti rappresentano fenomeni troppo rari per doversene in qualche modo far carico, ma che affrontare questi argomenti a scuola significa indurre uno stato di angoscia inutile, se non addirittura dannoso per il suo rapporto con gli alunni.

Tuttavia, anche in Italia il fenomeno del suicidio adolescenziale, pur non assumendo la stessa drammatica dimensione che in altri paesi europei e nordamericani riveste una notevole importanza dal punto di vista sociale. Basandomi sui dati Istat ho stimato infatti che, mediamente, a un insegnante su due (comprendendo i docenti delle scuole medie inferiori, superiori e dell'università) accade, nell'arco della carriera professionale, che un proprio alunno si tolga la vita. Se si fa riferimento ai suicidi mancati o più ancora ad altre forme di condotte autolesive, il valore di questa stima è destinato a crescere notevolmente. Se poi allarghiamo la riflessione ai suicidi (o ai tentativi) compiuti da studenti di altre classi di uno stesso istituto, ci possiamo accorgere di quanto non sia così infrequente per un insegnante trovarsi a gestire o comunque ad affrontare l'impatto tremendo di un evento tanto terrificante su chi ne è stato testimone: i compagni di classe (così come anche quelli che non conoscevano direttamente la vittima), i loro familiari, gli altri colleghi insegnanti.

Se dunque questo fenomeno non è così raro o statisticamente improbabile né è privo di interesse sociale, perché la scuola non vi dedica la dovuta attenzione? I motivi sono probabilmente assai simili a quelli per i quali nel resto della nostra società il suicidio suscita un senso di angoscia e accelera reazioni di rifiuto e di rimozione individuale e collettiva. Ed è forse proprio questa stessa tendenza alla rimozione che porta molti insegnanti a ritenere che dietro a ogni vita volutamente spezzata – o dietro a ogni serio tentativo di interromperla – vi sia un caso limite, una situazione individuale talmente esasperata – unita a un contesto sociale e familiare così degradato – da rendere presagibile una condotta altrimenti incomprensibile.

Entrambe queste ragioni portano a una pericolosa sottovalutazione, all'impotenza e alla rassegnazione.

Vorrei quindi approfittare dello spazio di questo capitolo per aprire un dialogo con chi nella scuola vive e lavora, allo scopo di offrire alcuni semplici elementi di conoscenza e di suggerire alcune modalità d'intervento per una efficace prevenzione del fenomeno.

La storia di Luca è, infatti, un esempio di come la scuola possa perdere l'occasione sia di svolgere un ruolo importante nella prevenzione (in questo caso intesa come prevenzione primaria) del suicidio, sia di intervenire e al momento dell'atto suicidario (prevenzione secondaria) e nel periodo immediatamente successivo alla morte (postintervento) di uno dei suoi ragazzi. È necessario pertanto affrontare queste tre modalità di intervento illustrandone i contenuti e riassumendone gli obiettivi.

La prevenzione primaria: le resistenze

Per prevenzione, in questo caso, si intende quella primaria, ovvero quanto attiene ai principi per mantenere e preservare un buono stato di salute mentale: nel caso del suicidio, si intendono le azioni in grado di evitare che una persona inizi seriamente a pensare o a progettare di togliersi la vita. Quando si parla del ruolo della scuola nella prevenzione primaria si deve far riferimento principalmente al suo ruolo essenziale, quello educativo. Tuttavia, la scuola è sovente un mondo chiuso in se stesso, di difficile accesso per le cose non usuali, non programmate. Il primo obiettivo per un'azione preventiva è quindi rappresentato dallo sviluppo delle strategie utili a rompere tale isolamento.

Un primo elemento di questa barriera è rappresentato dalla paura che molti insegnanti hanno di parlare di suicidio, convinti che ciò significhi in qualche modo indurlo. Della suggestione esercitata sui giovani da parte dei mezzi di comunicazione di massa è stato ampiamente discusso nel capitolo dedicato specificamente a questo argomento; sarebbe quindi contraddittorio affermare che l'ipotesi dell'imitazione non abbia un fondamento quando, invece dei media, ci si riferisce all'influenza degli argomenti trattati verbalmente, specie se da parte degli insegnanti. Non vi è dubbio che vi sia il rischio che parlare di suicidio possa aumentare nei giovani ascoltatori il grado di familiarità e, dunque, di disinibizione verso l'oggetto del discorso. Il punto, tuttavia, non mi pare questo.

In un mondo quale quello dei giovani, già ampiamente contaminato e regolato dal potere dei mass media, sarebbe insensato porsi l'obiettivo di prevenire qualsiasi notizia o riferimento al suicidio (basterebbe pensare alla produzione cinematografica o ai quotidiani). D'altra parte, come è stato più volte detto, la frequenza delle condotte suicidarie tra i giovani è tale per cui la probabilità che direttamente o indirettamente ne facciano esperienza è tutt'altro che rara.

La questione da porsi non è quindi *se* parlarne, ma *come* farlo. I suggerimenti discussi nel capitolo riguardante l'influenza dei media sulle condotte suicidarie possono essere in buona parte adattati anche all'ambiente scolastico: occorre evitare il sensazionalismo quando ci si riferisce a un caso accaduto, non indulgere mai a particolari insignificanti e morbosi, non *romanticizzare* le storie di vita (evitare, per esempio, i riferimenti alle morti eroiche o giustificabili da passioni o amori sfortunati), privilegiare sempre l'approfondimento del fenomeno piuttosto che personalizzare l'evento.

Un secondo ostacolo posto dalla scuola è l'*atteggiamento di negazione*. "Da noi non è mai successo... quindi tanto vale non parlarne": è una frase che si sente spesso pronunciare in quegli istituti dove si vuol giustificare la decisione di non aprire una discussione su un tema così evidentemente scabroso. Due ricercatori americani, Hendrickson e Cameron [5], hanno dimostrato, indagando su novanta tra scuole medie superiori e università, che gli insegnanti tendevano a sottostimare di oltre il 50 per cento la reale incidenza dei suicidi occorsi nella scuola durante gli anni del loro insegnamento. Questa stessa ricerca ha anche evidenziato che, nella stragrande maggioranza dei casi di suicidio dei loro studenti, gli insegnanti erano portati a ritenere quelle morti come praticamente inevitabili in quanto riguardavano situazioni nelle quali, a loro parere, il disturbo mentale era talmente predominante da far ritenere il suicidio come un esito altamente probabile. In tale situazione, il ricorso a un'interpretazione fondata sull'eziologia psichiatrica – se non addirittura su quella biologica o genetica – della condotta autolesiva viene utilizzato dagli stessi insegnanti come alibi per non essere costretti a interrogarsi sul ruolo che la scuola può e deve avere in queste circostanze. La negazione del problema impedisce, dunque, alla scuola di porre le premesse per un intervento preventivo.

Un ulteriore elemento che può rendere ancor più difficile e faticoso il compito degli insegnanti in questo settore – facilitandone così il disimpegno – riguarda l'enorme carico di lavoro didattico e di aggiornamento loro richiesto dalle numerose emergenze sociali che hanno attraversato il mondo giovanile in questi ultimi anni: la droga, l'Aids, la disoccupazione, le condotte di vita a rischio (le così dette morti del sabato sera), tanto per citare solo alcuni esempi. L'impressione è che gli insegnanti si siano sempre più spesso trovati a dover affrontare questi argomenti senza un'adeguata preparazione e senza l'ausilio di una consulenza qualificata. In questo contesto, reso sempre più complesso e intricato da problematiche di cui la scuola sembra non sapere né potere offrire un'adeguata interpretazione, il rischio più probabile è quello del diffondersi di un atteggiamento di rifiuto verso ciò (in questo caso le condotte autolesive) che si ritiene esuli dal mandato sociale della propria professione e dell'istituzione da cui si dipende.

Del resto, come si fa a richiedere maggior competenza agli insegnanti su temi di tale rilevanza sociale se non si offrono loro un aggiornamento costante e un solido conforto tecnico in grado di rassicurali di fronte a casi individuali così drammatici e di difficile gestione?

Tuttavia, perché si possa parlare della necessità di un aggiornamento permanente su questi temi e perché si possa offrire un aiuto professionale agli insegnanti, occorre innanzitutto che i programmi preventivi siano credibili. Per esempio, un programma, adattato ovviamente al grado della scuola cui va indirizzato e al contesto nel quale essa opera, non deve basarsi solo sul tema del suicidio o delle condotte autolesive, ma deve identificare gli elementi che possono aiutare a leggere le situazioni che precorrono tali eventi. Gli obiettivi devono essere chiari e semplici e la proposta deve contenere programmi finalizzati a gruppi diversi di studenti, secondo il grado di rischio: vi dovranno essere alcuni programmi per tutti gli studenti, altri per ragazzi con particolari problemi sociali, altri infine per i portatori di condotte di vita già a rischio. È inoltre importante che il programma contenga non solo le guide per un'azione preventiva, ma anche – come si vedrà più avanti – l'organizzazione di linee d'intervento al momento dell'evento e successivamente a esso: come assistere gli amici e i compagni di classe, i familiari, gli insegnanti stessi. Infine, è decisivo accludere al programma la possibilità di valutarne l'efficacia: ciò può aiutare sia gli operatori che lo hanno proposto e attuato a migliorarlo, sia i responsabili della scuola che ne hanno permesso l'attuazione a difendere la propria decisione.

La prevenzione primaria: gli obiettivi

È importante innanzitutto partire da una constatazione fondamentale: l'insegnante – e l'istituzione scolastica più in generale – ha una conoscenza molto approssimativa sia del fenomeno suicidario nelle sue dimensioni complessive (non sa, per esempio, se l'area geografica da dove provengono i suoi alunni sia o meno ad alto rischio suicidario e perché), sia delle caratteristiche psicosociali più rilevanti della popolazione giovanile nel suo insieme (non sa in che misura incidano fenomeni quali l'abuso alcolico, le tossicodipendenze, il divorzio o la separazione dei genitori, ecc.).

Quindi, gli obiettivi di qualsiasi attività preventiva si voglia iniziare o implementare nell'ambito della scuola non possono che essere semplici e intuitivi:

1. Il suicidio in generale, e quello di un giovane in particolare, nella maggioranza dei casi *può e quindi deve* essere prevenuto: chiunque, non solo chi opera nel campo della salute mentale o nei servizi sociali, può fare qualcosa in questa direzione.

2. L'insegnante deve assumere il ruolo di guardiano (*gatekeeper* come lo ha chiamato la responsabile di uno dei programmi di prevenzione scolastica del suicidio, la californiana Charlotte Ross [10]) *in grado di accorgersi*, fin dai suoi primi segni, di quando un malessere psicologico e relazionale può arrivare a rappresentare una seria minaccia per la vita di chi ne soffre.

3. Il nemico da battere è il silenzio: *bisogna parlare* con gli studenti del problema *del suicidio nella nostra società*, delle sue implicazioni sociali e individuali, di cosa ne può favorire l'incidenza e la diffusione; bisogna discutere insieme di che cosa si può fare per aiutare chi è a rischio anche quando non chiede espressamente aiuto.

Alla base di qualsiasi intervento della scuola nella prevenzione del suicidio tra i giovani è dunque il problema delle conoscenze generali e specifiche necessarie per poter individuare i segni premonitori del rischio suicidario, in modo da informare correttamente sia i ragazzi che i loro genitori e di intervenire con efficacia (si veda, a questo proposito, il capitolo dedicato al rischio suicidario). Una volta acquisite queste nozioni preliminari, in che cosa deve consistere un efficace programma preventivo?

La prevenzione primaria: i contenuti qualificanti

Una volta sottolineata la necessità di un intervento preventivo, superate le resistenze e le difficoltà di accesso alla scuola, chiariti e specificati gli obiettivi del programma preventivo, si può passare alla descrizione dei contenuti qualificanti.

Secondo alcuni ricercatori come Leonardson e Wetzel [7; 15], l'elemento principale da cui un programma di prevenzione del suicidio deve partire riguarda il livello di autostima. È importante tener presente che l'autostima non coincide con il concetto che ognuno ha di sé, ma ne rappresenta una componente, insieme all'autoaccettazione. In altre parole, il concetto di sé include sia una concezione positiva di se stessi (l'autostima), sia una negativa (l'autoaccettazione, ovvero l'accettarsi come si è, con tutti i difetti che possiamo avere). Il *concetto di autostima* è importante nel contesto dei programmi preventivi che coinvolgono persone giovani, in quanto è correlato alla capacità individuale di far fronte agli eventi negativi della vita; tale capacità può essere rafforzata (*empowerment*) attraverso uno specifico training.

Long e Stivers [8; 13], sono due psicologi americani a lungo impegnati nella realizzazione di programmi educativi per le scuole, con particolare riferimento alla prevenzione delle condotte autolesive. Essi hanno individuato quattro componenti principali di un positivo concetto di sé:

1) la *competenza,* intesa come la capacità di un individuo a farsi carico della propria vita, del proprio lavoro e delle proprie relazioni sociali;

2) l'*autostima,* ovvero l'avere un buon rapporto con se stessi;

3) la *congruenza,* nel senso della coerenza del proprio comportamento anche quando altri non lo approvano: in altre parole, la capacità e la forza di essere se stessi;

4) il *controllo* su se stessi, sulle proprie convinzioni, idee, comportamenti.

Insegnare a promuovere – o a migliorare – il concetto che un giovane ha di sé può quindi aiutarlo ad avere una maggiore fiducia nei propri mezzi e nelle proprie capacità di far fronte a eventi negativi della vita. Nel suo classico saggio sulla maturazione del concetto di sé, Erik Erikson [3] afferma che il livello di autostima in un adulto deriva dalla soluzione di alcuni conflitti durante l'infanzia: il riuscire ad avere un atteggiamento di fiducia nella vita invece che di sfiducia, la capacità di autonomia contro la tendenza alla dipendenza, il prendere delle iniziative contro l'inclinazione all'apatia. Quanto prima un/a bambino/a riesce a risolvere positivamente questi conflitti, tanto più alto sarà il suo livello di autostima da adulto/a. Moltissime ricerche hanno messo in luce lo stretto rapporto tra l'incapacità a sviluppare precocemente un buon livello di autostima e la possibilità di sviluppare fin dall'adolescenza una serie di problemi di adattamento sociale e di difficoltà individuali: dalla cattiva condotta scolastica, all'abuso di alcol e di stupefacenti, all'insorgere di alcuni disturbi psichici. In particolare, la correlazione tra la bassa autostima e la sintomatologia depressiva è di grande interesse per le implicazioni con la prevenzione delle condotte autolesive.

Quando un giovane non riesce a mantenere la propria autostima a un livello per lui accettabile, utilizzerà e metterà in pratica tutti i meccanismi psicologici di difesa che possiede, dalla negazione alla proiezione: può così aver inizio un circolo vizioso che lo porta all'autodistruzione. Il passo verso il disturbo mentale vero e proprio è breve: lo stato malinconico e depressivo è il prodotto più frequente di questo circolo vizioso. Nei capitoli precedenti ho a lungo discusso del rapporto tra condotte suicidarie e disturbi psichici, ciò che vorrei ancora una volta sottolineare è la contiguità emotiva e cognitiva tra la bassa considerazione di sé e l'instaurarsi, soprattutto nel bambino e nell'adolescente, della convinzione che l'intero universo della sua esistenza gli è avverso e che non possiede capacità sufficienti per porvi rimedio. Un basso livello di autostima impone all'individuo di far dipendere ogni eventuale soluzione positiva dei propri conflitti e delle proprie difficoltà da fattori esterni e lo fa essere influenzabile dalle relazioni interpersonali; inevitabilmente, tutto ciò favorisce il ripetersi di insuccessi che a loro volta comportano l'ulteriore approfondimento del solco che lo separa dalla realtà. Il bambino, l'adolescente tendono così a un progressivo isolamento dalla famiglia, dagli amici e dai compagni di scuola che li porta ad accumulare sensazioni di rifiuto e quindi ulteriori rinforzi della loro disistima. Rifiuto e disistima, se accomunati, possono indurre un progressivo distacco emozionale che si accompagna spesso alla sensazione di non essere voluto o desiderato dai genitori o dalle figure amicali.

Il ruolo che la scuola – in quanto istituzione nella quale

non si originano i problemi che portano a un mancato sviluppo dell'autostima, ma dove questa è quotidianamente valutata – può ricoprire nel rafforzamento dell'autostima è dunque cruciale; ma quali possono essere gli obiettivi praticamente perseguibili per un programma di questo tipo? L'esperienza americana, anche se può dare l'impressione di offrire una soluzione un po' semplicistica, ha certamente il pregio di essere facilmente comprensibile; se ne possono dunque ricavare alcuni punti utilizzabili dall'insegnante come linee guida per favorire la crescita dell'autostima dei propri allievi:

1. La valutazione dell'autostima degli allievi è da porre come uno strumento indispensabile per comprendere eventuali difficoltà del loro apprendimento, del loro rendimento e del loro comportamento.
2. È importante tener presente che il livello di autostima è, in genere, più basso tra le femmine che tra i maschi; ciò è probabilmente legato all'introiezione della minor considerazione che genitori e insegnanti hanno del ruolo sociale della donna e alla conseguente minor aspettativa che si nutre nei suoi confronti. L'accumulo di questa che potremmo chiamare *disistima sessista* comporta un maggior grado di perdita delle speranze nei confronti delle proprie capacità e della considerazione globale di sé.
3. Trattare l'allievo con rispetto – oltre a essere un dovere fondamentale dell'insegnante – implica il rafforzamento delle valenze positive della sua personalità e lo incoraggia ad avere una buona stima di se stesso.
4. Evitare di mettere a confronto il comportamento di un allievo con quello di un altro (tanto più cresce il sentimento di gelosia, tanto minore sarà la considerazione per se stessi) significa rispettare l'individualità di ciascuno e il suo valore. Occorre sempre ricordare che la ricerca dell'autonomia è una pietra fondamentale nella costruzione di una buona opinione di se stessi.
5. Ascoltare uno studente con interesse implica dar valore al suo punto di vista, incoraggiarlo a esprimere e a difendere le proprie opinioni e le proprie sensazioni, siano esse negative o positive, senza che questo debba fargli temere di perdere la considerazione o l'affetto di qualcuno.
6. Aiutare i propri allievi a far fronte alle situazioni che percepiscono come più difficili, far fare loro esperienze che dimostrino che è possibile risolvere positivamente anche gli ostacoli ritenuti più impervi (è anche importante rafforzare, facendovi riferimento, le loro positive esperienze passate);

7. Anche quando si nutrono dei dubbi, è sempre meglio dar fiducia.

8. L'insegnante deve dimostrare agli allievi di avere stima di se stesso, così potrà funzionare come modello positivo.

9. È bene tener presente che, come hanno affermato Eskilson [4] e i suoi collaboratori, un giovane con un basso livello di autostima frequentemente proviene da una famiglia nella quale gli viene costantemente richiesto di fare di più e di meglio; l'insegnante deve in questi casi cercare di interrompere tale pressione, spesso intollerabile e inutile.

10. È fondamentale insegnare la differenza che c'è tra l'*essere amati* e il *sentirsi amati*, spesso i ragazzi non la conoscono (o, meglio, conoscono più frequentemente la prima condizione).

Secondo Roger Tierney, Richard Ramsay, William Land e Bryan Tanney [14], del centro di prevenzione del suicidio dell'Università canadese di Calgary, i programmi di prevenzione primaria delle condotte suicidarie devono porre grande attenzione alla qualità del clima e all'*atmosfera psicologica* nella scuola. Ciò implica la capacità di finalizzare parte dell'insegnamento non solo alle strategie attive nell'affrontare gli eventi negativi della vita (*coping strategies*), ma anche allo sviluppo dei legami affettivi ed emozionali indispensabili a rafforzare quella rete di solidarietà e di fiducia reciproca tra i giovani in grado di raccogliere anche le più segrete confessioni di difficoltà e di sconforto.

La prevenzione secondaria

Se, dunque, prevenzione primaria nella scuola significa conferire attenzione al grado di fragilità e di vulnerabilità della personalità dello studente, consolidare i legami affettivi e solidaristici, informare gli studenti delle situazioni emotive e sociali che possono portare a una condotta autolesiva, il ruolo che la scuola può avere nella *prevenzione secondaria* del suicidio non è certo di minor importanza.

Prevenzione secondaria significa, innanzitutto, riconoscere i segni premonitori di una condotta autolesionistica e intervenire quando questi assumono una rilevanza preoccupante; ciò implica anche il riuscire a limitare i danni che da tale condotta possono scaturire prevenendone, per esempio, eventuali ricadute. Portato in ambito scolastico, questo significa:

a) riconoscere nello studente i primi segnali di un comportamento suicidario;

b) provvedere a un intervento immediato;

c) stabilire contatti con le risorse disponibili nella comunità;

d) seguire la persona a rischio sia a livello individuale sia nel suo contesto familiare e sociale.

La capacità di riconoscere al loro primo apparire i segni di una condotta suicidaria dovrebbe far parte del bagaglio professionale di ogni insegnante; tuttavia ho l'impressione che non sia così. Può dunque essere utile, anche se brevemente, richiamare quanto detto nel capitolo sul calcolo del rischio suicidario distinguendo questi segnali in tre categorie: verbali, comportamentali e situazionali.

I *segnali verbali* sono le frasi a contenuto inequivocabile, per esempio "voglio morire" o "non ho più voglia di vivere" o altre di questo genere. Vi possono essere poi frasi dal contenuto meno chiaro e che quindi possono suscitare nell'insegnante un allarme minore: "vorrei andare a dormire e non svegliarmi più" o "i miei ci staranno male quando me ne sarò andato" o ancora "presto tutto questo schifo finirà".

I *segnali comportamentali* comprendono una lunga lista di situazioni ognuna delle quali potrebbe passare agli occhi dell'insegnante come "normale": è dunque importante collegarla (anche perché non sempre si tratta di comportamenti riguardanti direttamente la scuola) al contesto più ampio per giudicare il vero grado di pericolo. Secondo Judy Smith [12], questi sono i segnali da prendere in considerazione:

1) tristezza e pianto improvvisi;
2) affievolimento delle energie;
3) aumento o diminuzione improvvisa dei cicli di sonno;
4) aumento o diminuzione improvvisa dell'appetito;
5) aumento della svogliatezza, della noia e calo dell'attenzione;
6) diminuzione della capacità di concentrarsi, di prendere decisioni;
7) cambiamento repentino del tono dell'umore (da un carattere ombroso e schivo a uno euforico ed eccitato o viceversa);
8) tendenza ad arrabbiarsi e a litigare, seguita da un lungo periodo di silenzio;
9) abbandono delle attività sociali, tendenza alla solitudine;

10) perdita degli interessi sociali e sportivi;
11) brusco peggioramento del rendimento scolastico;
12) facilità a perdere l'attenzione in classe;
13) abbandono senza ragione di cose precedentemente possedute;
14) aumento di comportamenti a rischio (correre in moto, in macchina);
15) crescita dei sensi di colpa, abbassamento dell'autostima;
16) perdita delle speranze;
17) aumento dell'uso di alcol o droghe;
18) negligenza nella cura dell'aspetto personale e dell'igiene;
19) ricorso ad allusioni alla morte nei temi, nelle poesie o in altri scritti;
20) improvviso disinteresse per l'elaborazione di piani per il futuro;
21) profondo cambiamento nel comportamento sessuale.

I *segnali situazionali* sono molto utili perché permettono di contestualizzare i segni verbali e comportamentali ora descritti. I principali sono:

1) rottura di una relazione affettiva significativa;
2) aumento delle difficoltà nella comunicazione con i genitori;
3) problemi scolastici a causa del peggiorato rendimento;
4) guai con la giustizia;
5) gravidanza indesiderata;
6) malattia fisica o incidente;
7) disturbi psichici;
8) recenti cambiamenti di abitazione o di città;
9) problemi familiari (separazione o divorzio dei genitori);
10) morte inaspettata di una persona cara.

Una volta individuati precocemente alcuni di questi segnali e nel caso vi sia stata una sufficiente capacità nel collegarli tra loro, che cosa deve fare un insegnante?

Facciamo l'esempio di un docente (ma anche di un compagno di classe) che si accorga di un tale comportamento in uno dei suoi allievi. A questo punto, come ho precedentemente accennato, il primo obiettivo è di non farsi vincere dalla paura a parlarne, di non temere di affrontare il problema. È ovvio che ciò vale sia per l'individuo ritenuto in pericolo sia per la collettività dei compagni di classe. Può essere infatti di grande importanza affrontare – con la dovuta delicatezza – l'argomento, senza fare alcun riferimento al caso specifico, ma cercando di parlarne apertamente e chiaramente in classe; ciò può mettere in condizione sia lo stesso insegnante sia i compagni di sperimentare il proprio atteggiamento nei confronti del problema, prefigurando così ciò che deve e non deve essere fatto. Per esempio, si potrebbe chiedere ai compagni di classe di rispondere pubblicamente ad alcune domande su questo tema; due ricercatori americani, Ross e Lee [11], ne propongono alcune:

a) "che cosa faresti se un tuo compagno o un tuo amico ti dicesse di voler morire?"

b) "ti metteresti a ridere?"

c) "gli o le diresti che quel tentativo sarebbe solo un modo per attrarre l'attenzione?"

d) "rimarresti scioccato e gli o le diresti di non accennare più a un argomento simile?"

e) "faresti finta di niente e gli o le diresti di non pensarci su?"

Poniamo ora il caso che un ragazzo manifesti più o meno direttamente un'ideazione suicida o un'intenzionalità: come si devono comportare gli insegnanti e i compagni di classe? Le ultime quattro domande rappresentano altrettanti atteggiamenti che non devono mai essere assunti nei confronti di un'ideazione suicidaria e tanto meno di una sua intenzionalità. Il *che fare* implica, dunque, comportamenti da evitare e altri da seguire. Detto in altri termini, ciò che *non* si deve fare è:

1) rimanere scioccati, accusare il colpo;
2) accrescere il senso di colpa che si accompagna a questa ammissione;
3) promettere l'assoluta segretezza;
4) manifestare proprie opinioni o giudizi morali contrari al suicidio;
5) minimizzare o banalizzare il problema (evitare frasi come "tanti altri sono nella tua stessa situazione" o "non farla lunga... andiamo al cinema così non ci pensi più");
6) lasciare la persona sola;
7) coinvolgersi eccessivamente.

L'intervento si deve basare, come è stato più volte affermato, sulla restituzione all'individuo della dignità che crede di avere in parte perduto, rinnovandogli considerazione, interesse, solidarietà. Ciò che vi ha detto è sempre cosa seria, qualsiasi siano state le parole utilizzate o il contesto nel quale tale rivelazione è avvenuta. Fare della morale, minimizzare o banalizzare serve solo a rafforzare il sentimento di solitudine di questa persona, sottolineandone il grado di incompresione nei confronti del mondo che lo circonda ("nessuno mi prende sul serio", "sono davvero diverso dagli altri").

Secondo Brown [1], gli *atteggiamenti positivi* che si devono seguire sono così riassumibili:

a) parlare apertamente e senza perifrasi del suicidio;

b) dimostrare interesse e considerazione per la condizione nella quale la persona si trova;

c) mantenere la calma e procedere senza fretta nel dialogo;

d) cercare di essere positivi, enfatizzando le possibili alternative;

e) conoscere ed esternare i propri limiti evitando di promettere l'impossibile.

Stabilito che l'insegnante deve parlare direttamente e apertamente con la persona che ritiene a rischio suicidario, occorre vedere come è opportuno che lo faccia. È importante che il docente sappia che vi sono dei punti cui far riferimento perché offrono materiale e spunti per comprendere meglio il reale livello di intenzionalità suicida e quindi la possibilità (la probabilità) che in quella persona riaffiori il pensiero di morte. In altre parole, è indispensabile che l'insegnante si faccia un'idea del grado di rischio che quel suo allievo corre. Per questo uno degli elementi principali da indagare – come ho detto nel capitolo precedente – attiene all'eventuale presenza di piani specifici riguardo al suicidio: può essere, infatti, determinante saper distinguere chi ha pensato alla morte in modo generale da chi invece ha immaginato dettagliatamente come avrebbe voluto ammazzarsi. L'esistenza di piani precisi e ben organizzati (giorno, ora, mezzo prescelto), l'eventuale proponimento di lasciare delle lettere o delle note scritte per i genitori o gli amici: sono alcuni tra gli elementi la cui eventuale presenza può guidare l'insegnante (ma anche l'amico o il compagno di classe) verso una valutazione più attenta e ponderata del livello di rischio suicidario che il giovane in quel frangente sta correndo.

La prevenzione terziaria: il postintervento

Si ponga ora il caso che il tentativo di suicidio sia avvenuto. Potrebbe essersi trattato di una seria intenzionalità e in questo caso il giovane sarebbe probabilmente all'ospedale per le cure mediche. A questo punto, che cosa devono fare l'insegnante, i compagni di classe e di scuola, i genitori? Parleremo di questo tra breve. Consideriamo per ora l'eventualità – assai più frequente – che non si tratti di un tentativo eclatante, ma di un gesto autolesionistico più moderato, che potrebbe sfuggire all'attenzione sia dei genitori che del medico di famiglia. Può accadere che l'insegnante o un amico o il compagno di banco ne venga messo al corrente. Se tale confidenza avviene sulla base di una esplicita e assoluta consegna al silenzio, come ci si deve comportare? Si deve mantenere fede a questo patto oppure si deve svelare tale segreto a chi può intervenire efficacemente?

Non si tratta di un dilemma di poco conto: potrebbe infrangersi uno dei residui legami di fiducia, potrebbe incrinarsi l'unico autentico rapporto. L'amico potrebbe pensare di alienare un vincolo durato anni proprio nel momento più delicato nel quale si richiede aiuto e solidarietà; l'insegnante potrebbe ritenere che in tal modo si inficia un positivo legame di complicità.

Non sono in pochi a pensarla così. Anch'io sarei portato a condividere tali timori se la richiesta di mantenere la più assoluta omertà provenisse da una persona adulta: in questo caso si porrebbero problemi etici (sia per il mio ruolo di psichiatra sia per quello dell'insegnante si tratterebbe anche di una questione deontologica) che solo la coscienza individuale può dipanare. Rispetto al caso di un minore, invece, tali timori e reticenze sono, a mio parere, del tutto malposti.

Ricordo a questo proposito che, quando qualche anno fa un gruppo di psicologi americani mi fece vedere un video (molto ben fatto ed educativo) sulla prevenzione del suicidio tra i giovani, rimasi alquanto perplesso riguardo a una frase con la quale l'insegnante si era rivolta ai suoi allievi per commentare il tentato suicidio di un compagno di classe: "Ricordatevi che è meglio rompere un'amicizia che sentirsi in colpa per una vita perduta". Il senso e il modo con il quale questa frase era stata proferita mi erano sembrati troppo duri, quasi ricattatori. Pesava in tutto questo un'interpretazione assai "direttiva" del modo di comunicare, che in Europa sarebbe stata giudicata eccessiva. In altri termini, allora pensavo che la condotta autolesiva in un giovane fosse l'espressione massima di un dubbio esistenziale, di un'incertezza esasperata, quasi patologica. Ritenevo che un buon atteggiamento terapeutico dovesse partire da una sorta di complicità esistenziale: prima di combatterlo, quel dubbio doveva essere in qualche modo rispettato.

Gradualmente ho maturato una convinzione contraria. Oggi ritengo che, ancorché il gesto autolesionistico possa nascere da una profonda incomprensione (di se stessi, del mondo che ci circonda, del senso stesso della vita), esso tuttavia mantiene la connotazione di un passaggio violento all'atto, di una sfida alla quotidianità, di una rivolta. Tutto ciò rende necessario un messaggio chiaro, tanto forte quanto violenta e dirompente è l'intenzionalità. In queste circostanze si impone di dimostrare che il mondo adulto prende molto sul serio le sue parole, considera le sue idee, teme i suoi atti: tutto ciò significa porsi terapeuticamente sulla sua stessa lunghezza d'onda, comunicare positivamente con chi propone tale minaccia.

Il problema tuttavia non si esaurisce nella semplice rottura della consegna al silenzio; bisogna sapere *chi altro* deve venire a conoscere tale proposito (o tale evento se il tentativo è stato già consumato). La decisione deve essere presa di volta in volta, caso per caso. Occorre sapere chi può essere utile in quella circostanza (genitori, parenti con cui il giovane ha un buon rapporto, il medico di famiglia, uno psicologo, un conoscente di cui si fida); bisogna anche valutare se e come far sì che altre componenti della scuola siano al corrente, di modo che possano essere modificati eventuali atteggiamenti negativi.

Insomma, per la scuola nella sua interezza l'ideazione suicida confessata o il tentativo di attuarla devono essere colti come un obbligo a ripensare da capo non solo alla storia di quel singolo ragazzo o di quella singola ragazza (e ai loro rapporti con gli insegnanti, con i compagni), ma più in generale al senso stesso dell'insegnare, al significato dello stare insieme a scuola, del convivere per tanto tempo. Un evento di per sé così tragico può diventare un'occasione straordinariamente feconda se utilizzata e compresa nel suo più profondo significato.

Da ultimo, vorrei affrontare l'argomento più drammatico, quello che è stato illustrato dalla storia di Luca: la scuola di fronte a uno dei suoi ragazzi morto suicida. L'evento è di tale importanza che necessita di una trattazione a sé per gli effetti che produce anche nella comunità che circonda il giovane.

A morte avvenuta, si parla, anche se può sembrare una contraddizione in termini, di prevenzione terziaria o, per usare un anglicismo, di *postintervento* (*postintervention*). In generale il postintervento riguarda tutto ciò che attiene all'attività di trattamento e di riabilitazione di una persona colpita da una malattia; nel campo del suicidio, tale attività riguarda le persone sopravvissute: i familiari e i parenti, gli amici e, nel nostro caso, i compagni di scuola e gli insegnanti.

Chi lavora nella scuola è in genere assolutamente impreparato a fronteggiare un evento di tale drammaticità, anzi si potrebbe dire che è inadeguato rispetto al problema della morte in assoluto, qualsiasi ne sia stata la causa (basterebbe pensare alla difficoltà che la scuola incontra ad affrontare una morte per incidente stradale o per droga).

Proviamo dunque a immaginare i problemi principali che possono sorgere a fronte di un evento di questo genere. Occorre premettere che la scuola è il luogo che più di ogni altro verrà scelto per manifestare il senso di dolore, rabbia, colpa, impotenza dei sopravvissuti, ma è anche il luogo dove più che altrove tutto potrà essere distorto. È da questo punto che bisogna partire. Lo scopo principale che la scuola si deve prefiggere è di far sì che nessun altro allievo segua quell'esempio e perché ciò possa accadere occorre partire dal dire, senza reticenze, tutto quello che è successo.

È inutile nascondercelo: la scuola si trova impreparata davanti alla morte volontaria di uno dei suoi allievi ed è invece proprio a essa che viene richiesto, esplicitamente o implicitamente, di fare qualcosa. Qualche cosa che spesso a ognuno (preside, insegnanti, compagni di classe) richiama ciò che non ha fatto o non ha fatto abbastanza per difendere quella vita. Tuttavia, nonostante questo senso di impotenza e di colpa la scuola deve, come ha opportunamente sottolineato lo psicologo americano Crabb [2], rispondere alla necessità urgente che i ragazzi (i superstiti) hanno di una comunicazione diretta, sincera e onesta. Nessun sotterfugio e nessun espediente possono evitare alla scuola questo confronto. I ragazzi, afferma Crabb, "non cercano false rassicurazioni che tutto tornerà come prima, ma la possibilità di esprimere nella massima libertà i propri sentimenti di rabbia e di frustrazione: vogliono confrontarsi con la loro stessa crisi".

Per la scuola si tratta, dunque, di una verifica della propria capacità di funzionamento; ma quali possono essere le linee-guida che gli insegnanti devono seguire in queste tragiche circostanze? Lamb e Dunne-Maxim [6] ne hanno proposte alcune che mi sembrano di grande utilità. Innanzitutto, va evitata qualsiasi enfasi riguardo al gesto suicida, qualsiasi tentativo di *romanticizzarlo*. Il racconto della morte, la discussione sui motivi che l'hanno indotta devono essere sobri e pacati, senza eccessi nella descrizione di dettagli inutili (come, per esempio, i particolari della modalità con cui la vittima ha scelto di darsi la morte). A queste raccomandazioni generali Lamb e Dunne-Maxim ne aggiungono altre più particolari:

a) evitare le assemblee o comunque riunioni troppo lunghe che abbiano come tema specifico la morte per suicidio del compagno;
b) esporre i fatti intorno all'accaduto, senza sottolineature enfatiche;
c) dar risalto ai possibili interventi preventivi e riflettere sui motivi che non li hanno resi possibili o efficaci;
d) favorire la discussione in piccoli gruppi senza che questi vedano necessariamente la presenza di un insegnante;
e) ricordare a tutti che il problema non è quello di scoprire chi è il colpevole, ma che esistono delle alternative al suicidio.

In altre parole, si potrebbe dire che l'obiettivo pratico dell'intervento della scuola è quello di stemperare il dolore, il che non deve però significare un brusco e affrettato ritorno alla normalità. Sarebbe l'errore peggiore. La sensazione che i ragazzi devono percepire è che la scuola continua senza aver fretta di voltar pagina, ma lasciando tempo e spazio affinché i sentimenti di tutti siano rispettati e trovino il modo migliore per esprimersi. Le procedure rituali (partecipazione ai funerali, invio di messaggi o fiori) dovrebbero essere simili a quelle adottate dalla scuola in altre circostanze luttuose (morti per altre cause) riguardanti i propri alunni; sarebbe preferibile che i funerali non si svolgessero durante le ore di scuola per attenuare l'effetto di glorificazione della morte per suicidio.

Infine, un'attenzione particolare deve essere rivolta dagli insegnanti al rapporto con la stampa e la televisione per evitare qualsiasi rinforzo emotivo e per scongiurare la possibilità che gli errori non commessi dalla scuola siano invece malamente compiuti dai giornalisti (a tale proposito rimando alla lettura del capitolo dedicato a questo specifico argomento).

Torniamo a Luca

Alla luce delle riflessioni fin qui condotte, che cosa possiamo affermare che non ha funzionato nel rapporto tra la vicenda di Luca e la scuola? In che cosa la scuola ha sbagliato? È evidente che separare nella storia di Luca ciò che ha a che vedere con l'esperienza scolastica dal resto della sua esistenza è artificioso: l'una cosa è profondamente intrecciata con l'altra e viceversa. Non ho certo quindi la presunzione di offrire un'interpretazione definitiva su ciò che ha portato Luca a quella tragica fine, tuttavia il suo caso si presta quanto meno a due pur brevi considerazioni.

La prima riguarda il cronico distacco tra Luca (i suoi stati d'animo, le sue paure, i suoi umori, i suoi sentimenti, le sue difficoltà) e il mondo della scuola (qui inteso non solo come insegnanti, ma anche come compagni di classe): tale divario ha rappresentato una costante negativa dell'intera sua storia. Da una parte Luca con le sue difese che ribadivano in lui la convinzione della propria diversità (l'essere meridionale e figlio di genitori divorziati), dall'altra la risposta rigida e precostituita della scuola che ne rispingeva i valori e i modi. L'incapacità (o la non volontà) di superare questa barriera ha costituito un errore ancor più vistoso se si pensa che la scuola non ha mai indagato le origini di quel crescente disagio, di quella condotta divaricante. Se gli insegnanti avessero incluso nel proprio metodo di insegnamento la necessità di scovare dietro l'epifenomeno comportamentale la natura o le molteplici nature di esso, Luca sarebbe stato guardato, ascoltato, capito con occhi, orecchi e curiosità diverse da quelle che l'hanno così frettolosamente classificato e giudicato.

Se uno dei suoi insegnanti si fosse interrogato sul livello di autostima dei propri allievi, avrebbe facilmente notato che Luca aveva ben poca considerazione per se stesso e, quel che è peggio, che essa diminuiva ulteriormente a seguito delle nuove esperienze frustranti (cattiva condotta scolastica, bocciature, rimproveri, umiliazioni). Il considerare ciò un evento critico sarebbe stato uno strumento utile anche per superare la colpevole riservatezza dei genitori (del padre in particolare) e, quanto meno, per sospettare che dietro a quel comportamento si nascondessero problemi di tale portata che Luca da solo non sarebbe mai riuscito a risolvere positivamente. Si sarebbe anche evitata quella comunicazione deviante che prefigurava Luca come l'unico capro espiatorio di una vicenda molto più grande di lui: perfino l'ostinata pervicacia con la quale il padre continuava a costringerlo a raggiungere un livello di rendimento scolastico spropositato per le sue capacità, conteneva implicitamente la non accettazione della sua identità, il rifiuto a pensare che il figlio potesse essere diverso dalle aspettative paterne.

La seconda considerazione riguarda il ruolo della famiglia nei confronti della scuola. Non vi è dubbio su quanto possa essere difficile per un genitore parlare con un estraneo – almeno così viene percepito l'insegnante in una tale circostanza – di cose delicate e intime come sono alcuni problemi familiari, tanto più se non ci si sente culturalmente accettati, né affettivamente coinvolti. Ciò tuttavia non toglie che il silenzio e la negazione anche degli eventi più eclatanti da parte del padre, pur essendo ampiamente comprensibili sul piano psicodinamico, si siano rivelati tragici e fatali per Luca.

A proposito dell'autostima, ho accennato al fatto che una bassa considerazione di sé è più facilmente riscontrabile tra i figli di genitori che pretendono da loro sempre il massimo profitto: di ciò l'insegnante deve essere consapevole e deve poter intervenire a mitigare tale ossessiva e asfissiante richiesta spiegandone ai genitori il pericolo. Luca ha subito per anni questa pressione senza che nessuno fosse in grado di stemperarla, di frapporvisi stringendo un'alleanza di complicità con lui. Forse gli insegnanti avrebbero potuto capire che un loro ennesimo gesto di intolleranza e di ruvida espulsione avrebbe fatto inevitabilmente precipitare Luca in un baratro spaventoso.

La vita di Luca si sarebbe potuta salvare? La risposta è sì e non certo per cieca convinzione o per vacuo ottimismo. Luca aveva dei punti di riferimento positivi nella sua pur sgangherata vita: aveva incontrato Giulia, era riuscito a superare momenti difficili, era vicino al conseguimento di una prima tappa importante (la fine del liceo) che avrebbe potuto dimostrare a se stesso e agli altri di valere ancora qualcosa. Certo, in questi casi la lista dei se e dei ma è sempre più lunga di quella dei giorni di una vita così breve. Eppure il nostro compito è quello di puntare su quel piccolo e recondito mondo ancora integro, non corroso dagli eventi negativi dell'esistenza che vi è in ognuno; partendo da lì possiamo tentare di ricostruire e di ridare quel che il destino, la vulnerabilità individuale, l'ambiente ostile hanno rubato alla vita. Ognuno deve fare la sua parte, la famiglia e la scuola per prime.

Riferimenti bibliografici

Introduzione (da p. 7 a p. 13)

1. Jacobs D., Brown H. (a cura di) (1989), *Suicide: understanding and responding*, International Universities Press, Madison.
2. Hawton K. (1986), *Suicide and attempted suicide among children and adolescents*, Sage Publications, Beverly Hills.
3. Erikson E. H. (1950), *Childhood and society*, W.W. Norton, New York.

1. *Angoscia di vivere, paura di crescere* (da p. 15 a p. 33)

1. Hug-Hellmuth H. (1912), *The child's concept of death*, tr. ingl. apparsa su "Psychoanalitic Quartlely", 34, 1965, pp. 499-516.
2. Lourie R. (1966), *Clinical studies of attempted suicide*, in "Clinical Proceedings of the Children's Hospital", 22, pp. 163-173.
3. MacLean G. (1990), *Clinical Perspectives*, in MacLean G. (a cura di), *Suicide in children & adolescents*, Hogrefe & Huber Publishers, Toronto.
4. Speec M. W., Brent S. B. (1984), *Children's understanding of death: a review of three components of the death concept*, in "Child Development", 55, pp. 1671-1686.
5. Kane B. (1979), *Children's concept of death*, "Journal of Genetic Psychology", 134, pp. 141-153 .
6. Piaget J. (1960), *The child's concept of the world*, Littlefield Adams, Patterson.
7. McIntyre M., Angle C., Struempler L. (1972), *The concept of death in mid-western children and youth*, in "American Journal of Disease of Children", 123, pp. 527-532.
8. Melear J.D. (1973), *Children's conception of death*, "Journal of Genetic Psychology", 123, pp. 359-360.
9. Shaffer D., Fisher P. (1981), *The epidemiology of suicide in children*

and young adolescents, in "Journal of the American Academy of Child Psychiatry", 20, pp. 545-565.
10. Nagy M. (1948), *The child's view of death*, "Journal of Genetic Psychology", 73, pp. 3-27.
11. Pfeffer C. R. (1986), *The suicidal child*, Guilford Press, New York.
12. Pfeffer C. R., Conte H. R., Plunchik R., Jarret I. (1979), *Suicidal behaviour in latency-age children*, "Journal of the American Academy of Child Psychiatry", 18, pp. 679-692.
13. Pfeffer C. R., Conte H. R., Plunchik R., Jarret I. (1980), *Suicidal behaviour in latency-age children: an out-patient population*, "Journal of the American Academy of Child Psychiatry", 19, pp. 703-710.
14. Orbach I., Carlson G., Feshbach S., Glaubman M., Gross Y. (1983), *Attraction and repulsion by life and death in suicidal and in normal children*, "Journal of Consulting and Clinical Psychology", 51, pp. 661-670.
15. White H. C. (1974), *Self-poisoning in adolescents*, "British Journal of Psychiatry", 124, pp. 24-35.
16. Hawton K. (1986), *Suicide and attempted suicide among children and adolescents*, Sage Publications, Beverly Hills.
17. Hawton K., Cole D., O'Grady J., Osborn M. (1982), *Motivational aspects of deliberate self-poisoning in adolescents*, "British Journal of Psychiatry", 141, pp. 286-291 .
18. Kazdin A. E., French N. H., Unis A. S., Esveldt-Dawson K., Sherick R. B. (1983), *Hopelessness, depression, and suicidal intent among psychiatrically disturbed inpatient children*, "Journal of Consulting and Clinical Psychology", 51, pp. 504-510.
19. Topol P., Reznikoff N. (1982), *Perceived and family relationships, hopelessness and locus of control as factors in adolescent suicide attempts*, "Suicide and Life-Threatening Behaviour", 12, pp. 141-150.
20. White H. C. (1974), *op. cit.*
21. Hawton K., Cole D., O'Grady J., Osborn M. (1982), *op. cit.*
22. Shneidman E. S. (1989), *Overview: a multidimensional approach to suicide*, in Jacobs D., Brown H. N. (a cura di), *Suicide: understanding and responding*, International Universities Press, Madison.
23. Durkheim E. (1897), *Suicide. An étude sociologique* (tr. it., UTET, Torino).
24. Henry A. F., Short J. F. (1954), *Homicide and suicide*, The Free Press, Glencoe.
25. Douglas J. D. (1967), *The social meaning of suicide*, Princeton University Press, Princeton.
26. Shneidman E. S. (1989), *op. cit.*
27. Shneidman E. S. (1989), *Approaches and communalities of suicide*, in Diekstra R. F. W., Maris R., Platt S., Schmidtke A., Sonneck G. (a cura di), *Suicide and its prevention. The role of attitude and imitation*, E. J. Brill, Leiden.

28. Berman A. L., Jobes D. A. (1991), *Adolescent suicide assesment and intervention*, American Psychological Association, Washington.
29. Maris R. W. (1981), *Patways to suicide: a survey of self-distructive behaviours*, The John Hopkins University Press, Baltimore.
30. Petzel S. V., Riddle M. (1981), *Adolescent suicide: psychosocial and cognitive aspects*, "Adolescent Psychiatry", 9, pp. 342-398.
31. Hendin H. (1987), *Youth suicide: a psychosocial perspective*, "Suicide and Life-Threatening Behaviour", 17, pp. 151-165.
32. Lester D. (1988), *Youth suicide: a cross-cultural perspective*, "Adolescence", 23, pp. 955-958.
33. Lester D. (1988), *One theory on teen-age suicide*, "Journal of School Health", 58, pp. 193-194.
34. Platt S. (1989), *A subculture of parasuicide?*, in Diekstra R. F. W., Maris R., Platt S., Schmidtke A., Sonneck G. (a cura di), *Suicide and its prevention. The role of attitude and imitation*, E. J. Brill, Leiden.
35. Freud S. (1917), *Lutto e melanconia*, in Id. (1976), *Opere*, Boringhieri, Torino.
36. Freud S. (1921), *Al di là del principio di piacere*, in Id. (1976), *Opere*, Boringhieri, Torino.
37. Tabachnick N. (1971), *Theories of self-destruction*, "American Journal of Psychoanalysis", 32, pp. 53-61.
38. Fizzotti E., Gismondi A. (1991), *Il suicidio. Vuoto esistenziale e ricerca di senso*, Società Editrice Internazionale, Torino.
39. Henseler H. (1985), *Psicologia del suicidio*, "Concilium", 21, p. 42.
40. Menninger K. (1938), *Man against himself*, Harcourt Brace, New York.
41. Zilboorg G. (1936), *Suicide among civilized and primitive races*, "American Journal of Psychiatry", 92, p. 362.
42. Zilboorg G. (1937), *Consideration on suicide with particular reference to that of the young*, "American Journal of Orthopsychiatry", 7, pp. 15-31.
43. Adler A. (1958), *Suicide*, "Journal of Individual Psychology", 14, pp. 57-61.
44. Green M. R. (1961), *Suicide: the Sullivanian point of view*, in Farberow N. L., Shneidman E. S. (a cura di), *The cry for help*, McGraw-Hill, New York.
45. Wahl C. W. (1957), *Suicide as a magical act*, in Shneidman E. S., Farberow N. L. (a cura di), *Clues to suicide*, McGraw-Hill, New York.
46. Wade N. L. (1987), *Suicide as a resolution of a separation-individuation among adolescent girls*, "Adolescence", 22, pp. 169-177.
47. Smith K. (1985), *Suicide assessment: an ego vulnerabilities approach*, "The Bullettin of the Menninger Clinic", 49, pp. 489-499 (citato in Berman A. L., Jobes D. A. [1991], *op. cit.*).
48. Richman J. (1979), *The family therapy of attempted suicide*, "Family Process", 18, pp. 131-142 .
49. Richman J. (1981), *Suicide and the family: affective disturbances and their implications for understanding, diagnosis, and treat-*

ment, in Lansky M. R. (a cura di), *Family therapy and mayor psychopathology*, Grune & Stratton, New York.
50. Richman J. (1984), *The family therapy of suicidal adolescents: promises and pitfalls*, in Sudak H. S., Ford A. B., Rushford N. B. (a cura di), *Suicide in the young*, John Wright PSG Inc., Boston.
51. Trautman P. D., Shaffer D. (1984), *Treatment of child and adolescent suicide attempters*, in Sudak H. S., Ford A. B., Rushford N. B. (a cura di), *Suicide in the young*, John Wright PSG Inc., Boston.
52. Weissman M. M., Paychel E. S., Klerman G. L. (1972), *The depressed woman as a mother*, "Social Psychiatry", 7, pp. 89-108.
53. Sabbath J. C. (1969), *The suicidal adolescent: the expendable child*, "Journal of the American Academy of Child Psychiatry", 8, pp. 272-289.
54. Shapiro E. R., Freedman J. (1987), *Family dynamics of adolescent suicide*, "Adolescent Psychiatry", 14, pp. 271-290.
55. Faber M. L. (1968), *Theory of suicide*, Funk & Wagnalls, New York.
56. Baechler J. (1975), *Suicides*, Basic Books, New York.
57. Shneidman E. (1985), *Definition of suicide*, John Wiley & Sons, New York.
58. Roy A. (1990), *Suicide in twins*, "Archives of General Psychiatry", 48, pp. 29-31.
59. Schulsinger R., Kety S., Rosenthal D., Wender P. (1979), *A family study on suicide*, in Schou M., Stromgren E. (a cura di), *Origins, prevention and treatment of affective disorders*, Academic Press, New York.
60. Wender P., Kety S., Rosenthal D. (1986), *Psychiatric disorders in the biological and adoptive families of adopted individuals with affective disorders*, "Archives of General Psychiatry", 43, pp. 923-929.
61. Kety S. (1986), *Genetic factors in suicide*, in Roy A. (a cura di), *Suicide*, Williams & Wilkins, Baltimore.
62. Egeland J., Sussex J. (1985), *Suicide and family loading with affective disorders*, "Journal of the American Medical Association", 254, pp. 915-918.
63. Tsuang M. T. (1977), *Genetic factors in suicide*, "Diseases of the Nervous System", 38, pp. 498-501.
64. Tsuang M. T. (1983), *Risk of suicide in the relatives of schizophrenics, manics, depressives, and controls*, "Journal of Clinical Psychiatry", 44, pp. 396-400.
65. Brown S. L., Van Praag H. M. (1991), *The role of serotonin in psychiatric disorders*, Brunner & Mazel, New York.
66. Arango V., Underwood M. D., Mann J. J. (1992), *Alterations in monoamine receptors in the brain of suicide victims*, "Journal of Clinical Psychopharmacology", 12, pp. 8-12.
67. Van Praag H. M. (1991), *Serotoninergic disfunction and aggression control*, "Psychological Medicine", 21, pp. 15-19.
68. Brown S. L., Botsis A. J., Van Praag H. M. (1992), *Suicide: CSF and*

neuroendocrine challenge studies, "International Review of Psychiatry", 4, pp. 141-148.
69. Arango V., Mann J. J. (1992), *Relevance of serotoninergic postmortem studies to suicidal behaviour*, "International Review of Psychiatry", 4, pp. 131-140.
70. Cazzullo C. L., Invernizzi G., Vitali A. (1987), *Le condotte suicidarie*, USES, Torino.
71. Arana G. W., Hyman S. (1989), *Biological contribution to suicide*, in Jacobs D., Brown H. N. (a cura di), *Suicide: understanding and responding*, International Universities Press, Madison.

2. *I luoghi della disperazione* (da p. 34 a p. 53)

1. Florenzano F., Crepet P. (1987), *Il suicidio e il tentato suicidio tra gli anziani. Una interpretazione epidemiologica*, "Alzheimer Longevità Geriatria", 2, pp. 61-66.
2. Diekstra R.F.W., Moritz B.J.M. (1987), *Suicidal behaviour among adolescents: an overview*, in Diekstra R.F.W., Hawton K. (a cura di), *Suicide in adolescence*, Martinus Nijhoff Publishers, Dordrecht.
3. Hendin H. (1982), *Suicide in America*, W.W. Norton & Company, New York.
4. Hawton K. (1986), *Suicide and attempted suicide among children and adolescents*, Sage Publications, Beverly Hills.
5. National Center for Health Statistics, USA (1984), *Monthly Vital Statistics Report, 1981*, vol. 33, n. 3.
6. Hellon C.P., Solomon M.I. (1980), *Suicide and age in Alberta, Canada, 1951-1977: the changing profile*, "Archives of General Psychiatry", 37, pp. 505-510.
7. Murphy G.E., Wetzel R.D. (1980), *Suicide risk by birth cohort in the United States, 1949-1974*, "Archives of General Psychiatry", n. 37, pp. 519-523.
8. Platt S. (1986), *Suicide trends in 24 European Countries 1972-1984*, WHO Working Paper, WHO Working Group on Preventive Practices in Suicide and Attempted Suicide, York 22-26 settembre 1986.
9. Diekstra R.F.W. (1985), *Suicide and suicide attempts in the European Economic Community: an analysis of trends with special emphasis upon trends among the young*, "Suicide and Life-Threatening Behaviour", 15, pp. 27-42.
10. Smith J. (1972), *Self-poisoning with drugs: a worsening situation*, "British Medical Journal", n° 4, pp. 157-159.
11. Kreitman N. (1977), *Parasuicide*, Wiley, Londra.
12. Diekstra R.F.W. (1982), *On the epidemiology of attempted suicide in the EEC*, in Wilmotte J., Mendlewicz (a cura di), *New trends in suicide prevention*, "Bibliotheca Psychiatrica", n. 162, Krager, Basel.
13. Diekstra R. F. W., Moritz B.J.M. (1987), *op. cit*.
14. Pfeffer C.R., Conte H.R., Plutchik R., Jerret I. (1980), *Suicidal be-*

haviour in latency age children: an out-patient population, "Journal of the American Academy of Child Psychiatry", 19, pp. 703-710.
15. Diekstra R. F. W., Moritz B.J.M. (1987), *op. cit.*
16. Kreitman N., Schreiber M. (1979), *Parasuicide in young Edinburg women,* Psychological Medicine, 9, pp. 469-479.
17. Hawton K., Goldacre M. (1982), *Hospital admission for adverse effects of medicinal agents (mainly self-poisoning), among adolescents in the Oxford region,* "British Journal of Psychiatry", n. 141, pp. 106-170.
18. Crepet P., Caracciolo S., Casoli R., Fabbri D., Grassi G., Jonus A., Tomelli A. (1991), *Epidemiologia del tentato suicidio. Primi risultati della ricerca multicentrica europea dell'OMS,* "Rivista Sperimentale di Freniatria", 3, pp. 362-371.
19. Husain S.A., Vandiver T. (1984), *Suicide in children and adolescents,* MTP Press, Lancaster.
20. Dorpat T.L., Ripley H.S. (1967), *The relationship between attempted suicide and committed suicide,* "Comprehensive Psychiatry", 8, pp. 74-79.
21. Hawton K. (1987), *op. cit.*
22. Pfeffer C.R., Plutchik R., Mizruchi M.S. (1983), *Suicidal and assaultive behavior in children: classification, measurement, and interrelation,* "American Journal of Psychiatry", 140, pp. 154-157.
23. Pfeffer C.R., Zuckerman S., Plutchik R., Mizruchi M.S. (1984), *Suicidal behaviour in normal school children: a comparison with child psychiatric inpatients,* "Journal of the American Academy of Child Psychiatry", 23, pp. 416-423.
24. Hawton K. (1986), *Suicide in adolescents,* in Roy A. (a cura di), *Suicide,* Williams & Wilkins, London.
25. McClure G.M.G. (1984), *Recent trends in suicide amongst the young,* "British Journal of Psychiatry", 144, pp. 134-138.
26. Holinger P. C. (1989), *Epidemiologic issues in youth suicide,* in Pfeffer C.R. (a cura di), *Suicide among youth: perspectives on risk and prevention,* American Psychiatric Press, Washington.
27. Shaffer D., Fisher P. (1981), *The epidemiology of suicide in children and adolescents,* "Journal of the American Academy of Child Psychiatry", 20, pp. 545-565.
28. USA Department of Health, Education and Welfare (1973), *Suicide, Homicide and Alcoholism among American Indians: guidelines for help,* ADM Publication n° 74-42, Department of Health, Education and Welfare, Rockville.
29. McCarney E.R. (1979), *Adolescent and young adult suicide in the United States. A reflection of societal unrest?,* "Adolescence", 14, pp. 765-774.
30. Petzel S.V., Cline D.W. (1978), *Adolescent suicide: epidemiological and biological aspects,* "Adolescent Psychiatry", 6, pp. 239-266.
31. Kreitman N. (1977), *op. cit.*
32. Kreitman N., Schreiber M. (1979), *op. cit.*

33. Platt S. (1984), *Unemployment and suicidal behaviour; a review of the literature*, "Social Science and Medicine", 19, pp. 93-115.
34. Shapiro C.M., Parry M.R. (1985), *Is unemployment a cause of parasuicide?*, "British Medical Journal", 289, p. 1622.
35. Crepet P., Florenzano F. (1988), *Unemployment and suicide in Italy*, in Moller H.J., Schmidtke A., Welz R. (a cura di), *Current issues of suicidology*, Springer-Verlag, Berlin.
36. Banks M.H., Jackson P.R. (1982), *Unemployment and risk of minor psychiatric disorder in young people: cross-sectional and longitudinal evidence*, "Psychological Medicine", 12, pp. 789-798.
37. Platt S. (1986), *Parasuicide and unemployment*, "British Journal of Psychiatry", 149, pp. 401-405.
38. Bergstrand C.G., Otto U. (1962), *Suicidal attempts in adolescence and childhood*, "Acta Pediatrica", 51, 17-26.
39. White H.C. (1974), *Self-poisoning in adolescence*, "British Journal of Psychiatry", 124, pp. 24-35.
40. Hawton K., O'Grady J., Osborn M., Cole D. (1982), *Adolescents who take overdoses: their characteristics, problems and contacts with helping agencies*, "British Journal of Psychiatry", 140, pp. 118-123.
41. Kerkhof A.F.J.M., van der Wal J., Hengeveld M.W. (1988), *A typology of persons who attempted suicide with predictive value for repetition: a prospective cohort-study*, in Moller H.J., Schmidtke A., Welz R. (a cura di), *Current issues of suicidology*, Springer-Verlag, Berlin.
42. Adams-Tucker C. (1982), *Proximate effects of sexual abuse in childhood*, "American Journal of Psychiatry," 139, pp. 1252-1256.
43. Pfeffer C.R. (1987), *Families of suicidal children*, in Diekstra R.F.W., Hawton K. (a cura di), *Suicide in adolescence*, Martinus Nijhoff Publishers, Dordrecht.
44. Roberts J., Hawton K. (1980), *Child abuse and attempted suicide*, "British Journal of Psychiatry", 137, pp. 319-323.
45. Caprara G.V., Maggi V., Massari Torre F. (1981), *Contributo allo studio della personalità di soggetti che hanno tentato il suicidio*, in Caprara G.V. et al. (a cura di), *Studi di personalità: quattro ricerche con il metodo di R. Holt*, Boringhieri, Torino.
46. Carpenter R.G. (1959), *Statistical analysis of suicide and other mortality rates of students*, "British Journal of Preventive Social Medicine", 13, pp. 163-174.
47. Hawton K., Crowle J., Simkin S., Bancroft J. (1978), *Attempted suicide and suicide among Oxford University students*, British Journal of Psychiatry, 132, pp. 506-509.
48. Cresswell P.A., Smith G.A. (1968), *Student suicide: a study of social integration*, Oxford University Press, Oxford.
49. Eisenberg L. (1980), *Adolescent suicide: on taking arms against a sea of troubles*, "Pediatrics", 66, pp. 315-320.
50. Petzel S.V., Cline D.W. (1978), *op. cit.*
51. Hawton K. (1986), *op. cit.*
52. Platt S. (1986), *Suicide and parasuicide among further education*

students in Edinburgh, "British Journal of Psychiatry", 150, pp. 183-188.
53. Ross C.P. (1987), *School and suicide: education for life and health*, in Diekstra R.F.W., Hawton K. (a cura di), *Suicide in adolescence*, Martinus Nijhoff Publishers, Dordrecht.
54. Ross M. (1969), *Suicide among College Students*, "American Journal of Psychiatry", 126, pp. 221-22.
55. American Psychiatric Association (1984), *Manuale diagnostico e statistico dei disturbi mentali – DSM III*, Masson, Milano.
56. Shaffer D., Fisher P. (1981), *op. cit.*
57. Cosand B.J., Bourque L.B., Kraus J.F. (1982), *Suicide among adolescents in Sacramento County, California 1950-1979*, "Adolescence", n° 17, pp. 917-930.
58. Otto U. (1972), *Suicidal acts by children and adolescents*, "Acta Psychiatrica Scandinavica", suppl. 233.
59. Diekstra R.F.W., Moritz B.J.M. (1987), *Suicidal behaviour among adolescents: an overview*, in Diekstra R.F.W., Hawton K. (a cura di), *Suicide in adolescence*, Martinus Nijhoff Publishers, Dordrecht.
60. Dorpat T.L., Jackson J.K., Ripley H.S. (1965), *Broken homes and attempted suicide*, "Archives of General Psychiatry", 12, pp. 213-216.
61. Shaffer D., Fisher P. (1981), *op. cit.*
62. Cosand B.J., Bourque L.B., Kraus J.F. (1982), *op. cit.*
63. McAnarney E.R. (1979), *Adolescent and young adult suicide in the United States. A reflection of societal unrest?*, "Adolescence", 14, pp. 765-774.
64. Shaffer D. (1974), *Suicide in childhood and early adolescence*, "Journal Child Psychology and Psychiatry", 15, pp. 275-291.
65. Shaffer D. (1974), *op. cit.*
66. Cosand B.J., Bourque L.B., Kraus J.F. (1982), *op. cit.*
67. Garfinkel B.D., Golombek H. (1983), *op. cit.*
68. Chia B.H. (1979), *Suicide of the young in Singapore*, "Annals Academy Medicine", n° 8, pp. 262-268.
69. Barraclough B., Bunch J., Nelson B., Sainsbury P. (1974), *A hundred cases of suicide: clinical aspects*, "British Journal of Psychiatry", 131, pp. 355-373.
70. Hawton K. (1987), *Assessment and aftercare of adolescents who take overdoses*, in Diekstra R.F.W., Hawton K. (a cura di), *Suicide in adolescence*, Martinus Nijhoff Publishers, Dordrecht.
71. Miles C.P. (1977), *Conditions predisposing to suicide: a review*, "Journal Nervous Mental Disorders", 164, pp. 231-246.
72. Topp D.O. (1979), *Suicide in prison*, "British Journal of Psychiatry", 134, pp. 24-27.
73. Bewly T.H., Ben-Arie O., Pierce J.I. (1968), *Morbidity and mortality from heroin dependence. Survey of heroin addicts known to Home Office*, "British Medical Journal", 1, pp. 725-726.
74. Noble P., Hart T., Nation R. (1972), *Correlates and outcome of ille-*

cit drug use by adolescent girls, "British Journal of Psychiatry", 120, pp. 497-504.
75. Seager C.P. (1986), *Suicide in neurosis and personality disorder*, in Roy A. (a cura di), *Suicide*, Williams & Wilkins, Baltimore.
76. Black D.W., Warrack G., Winokur G. (1985), *The Iowa record-linkage study. Suicides and accidental deaths among psychiatric patients*, "Archives of General Psychiatry", 42, pp. 71-75.
77. Martin R.L., Cloninger R., Guze S.B., Clayton P.J. (1985), *Mortality in a follow-up of 500 psychiatric outpatients. Cause-specific mortality*, "Archives of General Psychiatry", 42, pp. 58-66.
78. Murphy G.E., Armstrong J.W., Hermele S.L., Fischer J.R., Clendenin, W.W. (1979), *Suicide and alcoholism. Interpersonal loss confirmed as a predictor*, "Archives of General Psychiatry", 36, pp. 65-69.
79. Shaffer D. (1974), *op. cit.*
80. Igu M. (1981), *Suicide of Japanese youth*, "Suicide Life-Threatment Behaviuor", 11, pp. 17-30.
81. Shaffer D. (1974), *op. cit.*
82. Hawton K. (1986), *op. cit.*
83. Crepet P., Florenzano F. (1989), *Il rifiuto di vivere. Anatomia del suicidio*, Editori Riuniti, Roma.
84. Diekstra R.F.W., Hawton K. (a cura di) (1987), *op. cit.*
85. Centers for disease control (1986), *Reported morbidity and mortality in the United States*, Morbility and Mortality Weekly Report, n. 54.
86. Moscicki E.K., Boyd J.H. (1985), *Epidemiologic trends in firearm suicides among adolescents*, "Pediatrician", 12, pp. 52-62.
87. Boyd J.H., Moscicki E.K. (1986), *Firearms and youth suicide*, "American Journal Public Health", 10, pp. 1240-42.
88. Cavalli A., Cesareo V., de Lillo A., Ricolfi L., Romagnoli G. (a cura di) (1984), *Giovani oggi. Indagine sulla condizione giovanile in Italia*, Il Mulino, Bologna.

3. *Quando il filo si interrompe* (da p. 54 a p. 83)

1. Crepet P., Caracciolo S., Casoli R., Fabbri D., Grassi G., Jonus A., Tomelli A. (1991), *Epidemiologia del tentato suicidio. Primi risultati della ricerca multicentrica europea dell'OMS*, "Rivista Sperimentale di Freniatria", 3, pp. 362-371.
2. Crepet P., Baratti M., Caracciolo S., Casoli R., Fabbri D., Florenzano F., Jonus A., Piccoli G. (1991), *Suicidal behaviour in Italy. Trends and guidelines for a suicide intervention/prevention policy*, "Suicide and Life-Threatening Behaviour", 21, 3, pp. 263-278.
3. Crepet P. (1992), *Epidemiologia delle condotte suicidarie in Italia*, "Epidemiologia e Psichiatria Sociale", 7-9.
4. Platt S., Bille-Brahe U., Kerkhof A., Schmidtke A., Bjerke T., Crepet P., De Leo D., Haring C., Lonnqvist J., Michel K., Philippe A., Pommereau X., Querejeta I., Salander-Renberg E., Temesvary B.,

Wasserman D., Sampaio Faria J. (1992), *Parasuicide in Europe: the WHO/EURO multicentre study on parasuicide. I. Introduction to the study and preliminary analysis for 1989*, "Acta Psychiatrica Scandinavica", 2, pp. 97-104.
5. Weiss M.A.J. (1959), *The suicidal patient*, in Resnik H., *Suicidal behaviour: diagnosis and management*, Little & Brown, Boston.
6. Merini A. (in corso di stampa), *La risposta dell'équipe al suicidio del paziente*, "Psicoterapia e Scienze Umane".
7. Woodbury M. (1966), *L'équipe thérapeutique*, "L'Information Thérapeutique", 10, pp. 1047-1124.
8. Racamier P.C. (1972), *Lo psicoanalista senza divano*, Cortina Editore, Milano.
9. Kernberg O. (1980), *Teoria della relazione oggettuale e clinica psicoanalitica*, Boringhieri, Torino.
10. Dunne E.J., McIntosh J.L., Dunne-Maxim K. (a cura di) (1987), *Suicide and its aftermath. Understanding and counseling the survivors*, W.W. Norton & Company, New York .
11. Jack R. (1992), *Women and attempted suicide*, Lawrence Erlbaum Associates Publishers, Hove, UK.
12. Clifton A.K., Dorothy Lee D.E. (1976), *Self-destructive consequences of sex-role socialisation*, "Suicide and Life-Threatening Behaviour", 6, 1-7.

4. *La seduzione fatale* (da p. 84 a p. 100)

1. Durkheim E. (1897), *Le suicide. Etude de sociologie*, Felix Arcan, Paris (tr. it., UTET, Torino, 1969).
2. Crepet P., Florenzano F. (1989), *Il rifiuto di vivere. Anatomia del suicidio*, Editori Riuniti, Roma.
3. Gliesenti P., Pesenti R. (1990), *Persuasori e persuasi. I mass media negli USA negli anni '90*, Laterza, Bari.
4. McQuail D. (1987), *Mass Communication Theory. An introduction*, Sage Publications, London (tr. it., Il Mulino, Bologna, 1988).
5. Liebert R.M., Schwartzberg N.S. (1977), *Effects of mass media*, "Ann. Rev. Psychology", 28, pp. 141-173 .
6. Cavalli A., De Lillo A. (1988), *Giovani anni 80. Secondo rapporto IARD sulla condizione giovanile in Italia*, Il Mulino, Bologna.
7. Di Palo E., Guala C. (1987), *I bambini e la TV*, SAGEP, Genova.
8. CENSIS (1991), *Per un osservatorio sulla condizione infantile in Italia. Riflessioni, strategie, numeri*, Roma.
9. Eysenck H.J., Nias D.K. (1978), *Violence and the Media*, Pitman, London (tr. it., Armando, Roma, 1985).
10. CENSIS (1991), *Per un osservatorio sulla condizione infantile in Italia. Riflessioni, strategie, numeri*, materiale non pubblicato, Roma.
11. Gerber G. (1972), *Violence in television drama: trends and symbolic functions*, in Comstock G.A., Rubinstain E.A. (a cura di), *Televi-*

sion and social behaviour, US Government Printing Office, Washington, DC.
12. Slaby R.G., Quarforth G.R., McConnachie G.A. (1976), *Television violence and its sponsors*, "J. Communication", 26, pp. 88-96.
13. Phillips D.P. (1986), *The found experiment: a new technique for assessing the impact of mass media violence on real world aggressive behavior*, "Public Communication and Behavior", 1, pp. 259-307.
14. Phillips D.P., Carstensen L.L. (1986), *Clustering of teenage suicide after television news stories*, "New England Journal of Medicine", 315, pp. 685-689.
15. Phillips D.P. (1989), *Recent advances in suicidology. The study of imitative suicide*, in Diekstra R.F.W., Maris R., Platt S., Schmidtke A., Sonneck G. (a cura di), *Suicide and its prevention*, E.J. Brill Publisher, Leiden.
16. Phillips D.P., Carstensen L.L., Paight D.J. (1989), *Effects of mass media on suicide, with new evidence on the role of story content*, in Pfeffer C.R. (a cura di), *Suicide among youth: perspectives on risk and prevention*, American Psychiatric Press, Washington.
17. Hafner H., Schmidtke A. (1989), *Do televised fictional suicide models produce suicides?*, in Pfeffer C.R. (a cura di), *Suicide among youth: perspectives on risk and prevention*, American Psychiatric Press, Washington .
18. Schmidtke A., Hafner H. (1989), *Public attitudes towards and effects of the mass media on suicidal and deliberate self-harm behavior*, in Diekstra R.F.W., Maris R., Platt S., Schmidtke A., Sonneck G. (a cura di), *Suicide and its prevention*, E.J. Brill Publisher, Leiden.
19. Motto J. A. (1967), *Suicide and suggestibility. The role of the press*, "American Journal of Psychiatry", 124, pp. 252-256.
20. Blumenthal S., Bergner L. (1973), *Suicide and newspaper: a replicated study*, "American Journal of Psychiatry", 130, pp. 468-471.
21. Motto J. A. (1970), *Newspaper influence on suicide*, "Archives of General Psychiatry", 23, pp. 143-148.
22. Phillips D.P. (1974), *The influence of suggestion on suicide: substantive and theoretical implications of the Werther effect*, "American Sociological Review", 39, pp. 340-354.
23. Baraclough B., Sheperd D., Jennings C. (1977), *Do newspaper reports of coroners' inquests incite people to commit suicide?*, "British Journal of Psychiatry", 131, pp. 528-532.
24. Bollen K.A., Phillips R.D. (1981), *Imitative suicides: a national study of effects of television news stories*, "American Sociological Review", 47, pp. 802-809 .
25. Phillips D.P., Carstens L.L. (1986), *Clustering teenage suicides after television news stories about suicide*, "New England Journal of Medicine", 315, pp. 685-689 .
26. Horton H., Stack S. (1984), *The effect of television on national suicide rates*, "Journal of Suicide Psychology", 123, pp. 141-142.

27. Stack S. (1983), *The effect of Jonestown suicides on American suicide rates*, "Journal of Social Psychology", 119, pp. 145-146.
28. Nesci A.D. (1991), *La notte bianca. Studio etnopsichiatrico del suicidio collettivo*, Armando Editore, Roma.
29. Jackson E.D., Potkey C.R. (1974), *Audience reactions to the suicide play Quite Cries*, "Journal of Community Psychology", 2, pp. 16-17.
30. Wilson W., Hunter R. (1983), *Movie-inspired violence*, "Psychological Reports", 53, pp. 435-441.
31. Schmidtke A., Hafner H. (1988), *Imitation effects after fictional television suicides*, in Moller H.J., Schmidtke A., Welz R. (a cura di), *Current issues in suicidology*, Springer Verlag, Heidelberg.
32. Phillips R.D. (1982), *The impact of fictional television stories on U.S. fatalities: new evidence on the effect of the mass media on violence*, "American Journal of Sociology", 87, pp. 1340-1359.
33. Ellis S.J., Walsh S. (1986), *Soap may seriously damage your health*, "Lancet", Marzo, 686 .
34. Platt S. (1989), *The consequences of a televised soap opera drug overdose. Is there a mass media imitation effect?*, in Diekstra R.F.W., Maris R., Platt S., Schmidtke A., Sonneck G. (a cura di), *Suicide and its prevention*, E.J. Brill Publisher, Leiden.
35. Gould M.S., Shaffer D. (1989), *The impact of suicide in television movies*, in Diekstra R.F.W., Maris R., Platt S., Schmidtke A., Sonneck G. (a cura di), *Suicide and its prevention*, E.J. Brill Publisher, Leiden.
36. Biblarz A., Brown R.M., Biblarz D.N., Pilgrim M., Baldree B.F. (1991), *Media influence on attitudes toward suicide*, "Suicide and Life-Threatening Behaviour", 21, pp. 374-384.
37. Hare E.H., Walter S.D. (1978), *Monthly variation of suicide and undeterminated death compared*, "Journal of Epidemiology and Community Health", 32, pp. 47-52.
38. Zimmerman-Tansella Ch., Micciolo R., Williams P., Tansella M. (1989), *Seasonal variation in suicide in Italy*, in Cooper B., Helgason T. (a cura di), *Epidemiology and prevention of mental disorders*, Routledge, London.
39. Crepet P. (1990), *Le malattie della disoccupazione. Le condizioni fisiche e psichiche di chi non ha lavoro*, Edizioni Lavoro, Roma.
40. Maris R. (1981), *Pathways to suicide*, John Hopkins University Press, Baltimore.
41. Maris R. (1989), *Introduction to mass media and suicide*, in Diekstra R.F.W., Maris R., Platt S., Schmidtke A., Sonneck G. (a cura di), *Suicide and its prevention*, E.J. Brill Publisher, Leiden.
42. Sonneck G., Etzersdorfer E., Nagel-Kuess S. (in corso di stampa), *Subway suicide in Vienna (1980-1990): a contribution to the imitation effect in suicidal behavior*, in Crepet P., Ferrari G., Platt S., Bellini M. (a cura di), *Suicidal behaviour in Europe. Recent research trends*, John Libbey, London.

5. *Il presagio dell'assurdo* (da p. 101 a p. 119)

1. Marzuk P., Tierney H., Tardiff K., Gross E., Morgan E., Hsu M., Mann J. (1988), *Increased risk of suicide in persons with AIDS*, "Journal of the American Medical Association", 259, pp. 1333-1337.
2. Beskov J. E., Bellini M., Sampaio Faria J. G., Kerkhof A.J.F.M. (a cura di) (1992), *HIV and AIDS-related suicidal behaviour*, Monduzzi, Bologna.
3. Murphy G. (1985), *Suicide and attempted suicide*, in Michels R. (a cura di), *Psychiatry*, J. B. Lippincott, Philadelphia.
4. Murphy G. (1985), *op. cit.*
5. Fremouw W. J., de Perczel M., Ellis T. E. (1990), *Suicide risk. Assessment and response guidelines*, Pergamon, New York.
6. Topol P., Reznikoff M. (1982), *Perceived peer and family relationships, hopelessness, and locus of control as factors in adolescent suicide attempts*, "Suicide and Life-Threatening Behaviour", 12, pp. 141-150.
7. Khan A.U. (1987), *Heterogenety of suicidal adolescents*, "Journal of the American Academy of Child and Adolescent Psychiatry", 26, pp. 92-96.
8. Rubenstain J.L., Heeren T., Housman D., Rubin C., Stechler G. (1990), *Suicidal behaviour in "normal" adolescents: risk and protective factors*, "American Journal of Orthopsychiatry", 59, pp. 59-71.
9. Berman A.L., Schwartz R. (1990), *Suicide attempts among adolescent drug users*, "American Journal of Diseases of Children", 144, pp. 310-314.
10. Peck M.L. (1985), *Crisis intervention treatment with chronically and acutely suicidal adolescents*, in Peck M.L., Farberow N.L., Litman R.E. (a cura di), *Youth suicide*, Springer, New York.
11. Stiffman A.R. (1989), *Suicide attempts in runaway youth*, "Suicide and Life-Threatening Behaviour", 17, 107-118.
12. Bourget D., Gagnon A., Bradford J.M. (1988), *Satanism in a psychiatric adolescent population*, "Canadian Journal of Psychiatry", 33, pp. 197-202 .
13. Neuringer C. (1976), *Current developments in the study of suicidal thinking*, in Shneidman E.S. (a cura di), *Suicidology: contemporary developments*, Grune & Stratton, New York.
14. Beck A.T., Rush A., Shaw B., Emery G. (1979), *Cognitive therapy of depression*, Guilford Press, New York.
15. Berman A. L., Jobes D. A. (1991), *Adolescent suicide: assessment and intervention*, American Psychological Association, Washington.
16. Tishler C. L., McKenry P.C., Morgan K. C. (1981), *Adolescent suicide attempts: some significant factors*, "Suicide and Life-Threatening Behaviour", 11, pp. 86-92.
17. Slap G.B., Vorters D.F., Chaudhuri S., Centor R.M. (1989), *Risk factors for attempted suicide during adolescence*, "Pediatrics", 84, pp. 762-772.

18. Korella K. (1972), *Teenage suicide gestures: a study of suicidal behaviour among high school students*, "Dissertation Abstract International", 32, 5039 A.
19. Pfeffer C. R. (1989), *Family characteristics and support system as risk factors for youth suicide*, in Alcohol, Drug Abuse, and Mental Health Administration *Report of the Secretary's Task Force on Youth Suicide, Volume 2, Risk Factors for Youth Suicide*, DHHS Publication n. ADM 89-1622, Government Printing Office, Washington, DC.
20. Shafii M., Carrigan S., Whittinghill J.R., Derrick A. (1985), *Psychological autopsy of completed suicide in children and adolescents*, "American Journal of Psychiatry", 142, pp. 1061-1064.
21. Gispert M., Davis M. S., Marsh L., Wheeler K. (1987), *Predictive factors in repeated suicide attempts by adolescents*, "Hospital and Community Psychiatry", 38, pp. 390-393.
22. Jacobs J. J. (1971), *Adolescent suicide*, John Wiley & Sons, New York .
23. Schotte D. E., Clum G. A. (1982), *Suicide ideation in a college population: a test of a model*, "Journal of Consulting and Clinical Psychology", 50, pp. 690-696.
24. Rubenstein J. L., Heeren T., Housman D., Rubin C., Stechler G. (1989), *Suicidal behaviour in "normal" adolescents: risk and protective factors*, "American Journal of Orthopsychiatry", 59, pp. 59-71.
25. Bigagli A., Grillini F. (1990), *Suicide and risk of suicide among the italian homosexuals*, in Ferrari G., Bellini M., Crepet P. (a cura di), *Suicidal behaviour and risk factors*, Monduzzi, Bologna.
26. Bell A., Weinberg M. (1978), *Homosexualities*, Simon and Schuster, New York.
27. Langevin R., Paitich D., Steiner B. (1977), *The clinical profile of male transsexuals living as females vs those living as males*, "Archives of Sexual Behaviour", 6, pp. 143-154.
28. Huxley J., Brandon S. (1981), *Partnership in transsexualism, part I: paired and non-paired groups*, "Archives of Sexual Behaviour", 10, pp. 133-141.
29. Person E., Ovesey L. (1974), *The transsexual syndrome in males, part I: primary transsexualism*, "American Journal of Psychotherapy", 28, pp. 4-21.
30. Harry J. (1991), *Sexual identity issues*, in Davidson L., Linnoila M. (a cura di), *Risk factors for youth suicide*, Hemisphere Publishing Corporation, New York.
31. Kosky R. (1983), *Childhood suicidal behaviour in battered children*, "American Journal of Psychiatry", 24, pp. 457-468.
32. Herman J., Hirschman L. (1981), *Families at risk for father-daughter incest*, "American Journal of Psychiatry", 138, pp. 967-970.
33. Green A. (1978), *Self-destructive behaviour in battered children*, "American Journal of Psychiatry", 135, pp. 579-582.
34. Ellis E., Atkeson B., Calhoun K. (1982), *An examination of diffe-*

rences between multiple and single-incidence victims of sexual assault, "Journal of Abnormal Psychology", 91, pp. 221-224.
35. Goyer P., Eddleman H. (1984), *Same-sex rape of non-incarcerated men*, "American Journal of Psychiatry", 141, pp. 576-579.
36. Gabrielson I., Klerman L., Currie J., Tyler N., Jekel J. (1970), *Suicide attempts in a population pregnant as teenagers*, "American Journal of Public Health", 60, pp. 2289-2301.
37. Birtchell J., Floyd S. (1974), *Further menstrual characteristics of suicide attempters*, "Journal of Psychosomatic Research", 19, pp. 81-85.
38. Van Egmond M., Diekstra R. F. W. (1989), *The predicytability of suicidal Behaviour. The results of a meta-analysis of published*, in Diekstra R. F. W., Maris R., Platt S., Schmidtke A., Sonneck G. (a cura di), *Suicide and its prevention. The role of attitude and imitation*, E. J. Brill Publisher, Leiden.
39. Ferrari G., Bellini M. (1992), *Suicide prediction and probability*, in Crepet P., Ferrari G., Platt S., Bellini M. (a cura di), *Suicidal Behaviour in Europe. Recent research findings*, John Libbey, London.
40. Fremouw W. J., de Perczel M., Ellis T. E. (1990), *op. cit.*
41. Brent D. A., Perper J. A., Goldstein C. E., Kolko D. J., Allman M. J., Zelenak J. P. (1988), *Risk factors for adolescent suicide*, "Archives of General Psychiatry", 45, pp. 581-588 .
42. Carlson G. A., Cantwell D. P. (1980), *Suicidal behaviour and depression in children and adolescents*, "Journal of the American Academy of Child and Adolescent Psychiatry", 21, pp. 361-368.
43. Rotheram M. J. (1987), *Evaluation of imminent danger for suicide among youth*, "American Journal of Orthopsychiatry", 57, pp. 102-110.
44. Blumenthal S. J., Kupfer D. J. (1989), *Overview of early detection and treatment strategies for suicidal behaviour in young people*, in Alcohol, Drug Abuse and Mental Health Administration *Report of the Secretary's task force on youth suicide. Volume 3. Prevention and interventions in youth suicide*, DHHS Publication n. ADM 89-1623, U.S. Government Printing Office, Washington.
45. Berman A. L., Jobes D. A. (1991), *op. cit.*
46. Smith K., Conroy R. W., Ehler B. D. (1984), *Lethality of suicide attempt rating scale*, "Suicide and Life-Threatening Behaviour", 14, pp. 215-242.
47. Pierce D. W. (1981), *The predictive validation of a suicide intent scale: a five year follow-up*, "British Journal of Psychiatry", 139, pp. 131-136.
48. Stanley B., Traskman-Benz L., Stanley M. (1986), *The Suicide Assessment Scale: a scale evaluating change in suicidal behaviour*, "Psychopharmacology Bulletin", 22, pp. 200-205.
49. Richman J. (1986), *Family therapy for suicidal people*, Springer, New York.
50. Berman A. L., Jobes D. A. (1991), *op. cit.*

6. *La torre e il dragone* (da p. 120 a p. 143)

1. Brown S. (1987), *Sample interview questions for assessing suicidal risk*, "The Network News", 6, pp. 5-6 .
2. Crabb A. (1982), *Children and enviromental disasters: the counselor's responsability*, Elementary School Guidance and Counseling, 2, pp. 228-231.
3. Erikson E. (1917), *I need to be me: the emergence of self*, Wisconsin Clearinghouse, Madison, citato in Stivers C. (1991), *Promotion of self-esteem in the prevention of suicide*, in Leenaars A.A., Wenckstern S. (a cura di), *Suicide prevention in schools*, Hemisphere Publishing Corporation, New York.
4. Eskilson A., Wiley M.G., Muehlbauer G., Doddler L. (1986), *Parental pressure, self-esteem and adolescent reported deviance: bending the twig too far*, "Adolescence", 21, pp. 501-515.
5. Hendrickson S., Cameron C.A. (1975), *Student suicide and college administrators: a perceptual gap*, "Journal of Higher Education", 46, pp. 349-354.
6. Lamb F., Dunne-Maxim K. (1987), *Postvention in the schools: policy and process*, in Dunne E., McKintosh J., Dunne-Maxim K. (a cura di), *Suicide and its aftermath*, Norton, New York.
7. Leonardson G.R. (1986), *The relationship between self-concept and selected academic and personal factors*, "Adolescence", 21, pp. 467-474.
8. Long V.O. (1987), *The pursuit of happiness: feeling good about yourself, problems and prescriptions*, "Counseling Interview", 19, pp. 15-17.
9. McDermott J. (1987), *Fantasy game may promote cognitive skill in many young people*, "Clinical Psychiatry News", 14, pp. 635-647.
10. Ross C. P. (1987), *School and suicide: education for life and death*, in Diekstra R.F.W., Hawton K. (a cura di), *Suicide in adolescence*, Martinus Nijhoff Publishers, Amsterdam.
11. Ross C.P., Lee A.R. (1977), *Suicide in youth and what you can do about it*, Suicide Prevention and Crisis Centre, Burlingame, California.
12. Smith J. (1988), *A crisis intervention curriculum for teenagers and young adults*, Learning Publications Ltd., Holmes Beach, Florida.
13. Stivers C. (1991), *Promotion of self-esteem in the prevention of suicide*, in Leenaars A.A., Wenckstern S. (a cura di), *Suicide prevention in schools*, Hemisphere Publishing Corporation, New York.
14. Tierney R., Ramsey R., Tanney B., Lang W. (1991), *Comprehensive school suicide prevention programs*, in Leenaars A.A., Wenckstern S. (a cura di), *Suicide prevention in schools*, Hemisphere Publishing Corporation, New York.
15. Wetzel R.D. (1975), *Self-concept of suicide intent*, "Psychological Reports", 35, pp. 279-282.

Indice

Stampa Grafica Sipiel
Milano, maggio 2001